揭

— To be or not to be；that's 莎士比亞

潘于真，才永發 著

All the world's a stage,
And all the men and women merely players;

揭幕
——To be or not to be；that's 莎士比亞

目錄

揭幕

——To be or not to be；that's 莎士比亞

套書總前言

歷史發展的每一個時代，都有值得我們追隨的人，都有激勵我們奮進的力量。這些曾經創造歷史、影響時代的人物，或以其深邃的思想推動了世界文明的進步，或以其叱吒風雲的政治生涯影響了歷史的進程，或以其在自然科學領域中的巨大成就造福於全人類……

因為有了他們，歷史的車輪才會不斷前行；因為有了他們，歷史的內容才會愈加精彩。他們已經成為歷史長河的風向標，引領著我們人類走向更加深邃的精神世界和更加精彩的物質世界。今天，當我們站在一個新的紀元回眸過去的時候，我們不能不提起他們的名字，因為是他們改變了世界，改變了人類社會的發展格局。了解他們的生平、經歷、思想、智慧，以及他們的人格魅力，也必然會對我們的人生產生重大的影響。

為了能夠了解並記住這些為人類歷史發展做出過巨大貢獻的人物，經過長時間的遴選，我們精選出了六十位最具時代性、最具影響力、最具代表性的人物，編寫成為這套系列叢書，其宗旨是：期望透過這套讓讀者易於接受的傳記形式的叢書，對讀者產生潛移默化的影響，使讀者能夠從中吸取到有益的精神元素，立志成才，為人類作出貢獻。

本套叢書寫作角度新穎，它不是簡單堆砌有關名人的材料，而是精選了他們一生當中一些富有代表性的事件和故事，以點帶面，從而折射出他們充滿傳奇的人生經歷和各具特點的鮮明個性。透過閱讀這

揭幕
——To be or not to be；that's 莎士比亞

套叢書，我們不僅要了解他們的生活經歷，更重要的是了解他們的奮鬥歷程，以及學習他們在面對困難、失敗和挫折中所表現出來的傑出品質。

此外，書中還穿插了許多與這些著名人物相關的小知識、小故事等。這些內容語言簡潔，可讀性強，既能令版面豐富靈活，又能開闊閱讀視野，同時還可作為讀者學習中的積累和寫作素材。

我們相信，這一定是一套能令青少年喜愛的傳記叢書。透過閱讀本套叢書，我們也能夠真切了解到這些偉大的人物對一個、乃至幾個時代所產生的重大影響。

現在，就讓我們一起翻開這些傑出人士的人生故事，走進他們生活的時代，洞悉他們的內心世界，就好像在與這些先賢們促膝談心一般，讓他們激勵我們永遠奮進，促使我們洞察人生，鼓舞我們磨練心志，走向成功！

故事導讀

威廉 · 莎士比亞（一五六四～一六一六），英國文藝復興時期傑出的戲劇家和詩人，英國「戲劇之父」，被稱為「時代的靈魂」、「人類最偉大的天才之一」、「人類文學奧林匹克山上的宙斯」。歐洲文學的第一個高峰是古希臘羅馬文學，在經過中世紀的低谷之後，文藝復興時期歐洲文學再次出現高峰。而這一時期的最高成就，正是莎士比亞的戲劇。

一五六四年，莎士比亞出生於英格蘭華威郡的斯特拉福鎮，父親是以經營羊毛、皮革及穀物為生的雜貨商。童年時期，莎士比亞曾在當地的文法學校讀書，學習拉丁文。後來家道中落，不得不輟學跟隨父親從商。二十二歲時，他隻身前往倫敦，在劇院工作謀生，後來成為演員，並開始嘗試寫劇本。

雖然未曾受過良好的教育，也未曾上過大學，但莎士比亞卻憑藉自己的天賦和努力成為一名出色的演員和劇作家。他三十而立，蜚聲劇壇；四年後，他更是成為英國戲劇界的泰斗人物。

在隨後的十年中，莎士比亞創作了《哈姆雷特》、《凱撒大帝》、《奧賽羅》、《羅密歐與茱麗葉》、《馬克白》、《李爾王》等傑出劇作，為英國文學史、為世界文學史留下了永不磨滅的文字。

莎士比亞在倫敦生活了二十多年後，於一六一三年返回故鄉斯特拉福鎮，在那裡度過了自己的晚年。莎士比亞一生共為後人留下了三十七部戲劇、兩首長詩和一部十四行詩集。

揭幕
——To be or not to be；that's 莎士比亞

莎士比亞的作品多取材於歷史記載、小說、民間傳說和舊戲等已有的材料，反映了封建社會向資本主義過渡的歷史現實，宣揚了新興資本主義的人文主義思想和人性論觀點。

由於他一方面廣泛借鑑古代戲劇、英國中世紀戲劇以及歐洲新興的文化藝術，另一方面又深刻洞察社會和人生，故而塑造出了許多栩栩如生的人物形象，描繪了多姿多彩的社會生活圖景，並使之以悲喜交融、富有詩意、充滿想像力以及富有人生哲理和批評精神等特點著稱於世。

如今，莎士比亞的這些作品已經被翻譯成世界許多國家的文字，受到世界人民的珍愛。同時，他的戲劇也在世界許多國家的舞台上長演不衰。

一六一六年四月二十三日，一代文豪莎士比亞在故鄉斯特拉福鎮去世。

本書從莎士比亞的兒時生活開始寫起，一直追溯到他所創作出的偉大作品及為世界文學所做出的傑出貢獻，再現了莎士比亞依靠自己的才華和智慧登上世界文學寶座的傳奇人生，旨在讓廣大讀者了解這位偉大的詩人、劇作家不平凡的人生歷程，並體會他對理想執著不懈的探求精神。

第一章　幸福的童年

生命短促，只有美德能將它留傳到遼遠的後世。

——莎士比亞

揭幕
——To be or not to be；that's 莎士比亞

(一)

十六世紀中葉，在不列顛島中部，有一座古老而繁華的小城——斯特拉福鎮，美麗的亞芬河貫穿全城。在伊莉莎白時代，用亞芬河水釀造的「斯特拉福酒」暢銷整個歐洲，據說暢銷的原因是喝過此酒便可以下筆如神，因而深得文人墨客的青睞。

斯特拉福鎮居住著大約一千五百名居民。小鎮的周圍是茂密的亞登森林，每年的五月一日，鎮上的居民幾乎傾城而出，到森林中去紀念民間傳說中的英雄羅賓漢。紀念的方式很靈活，有的民間歌手會用古樸的調子演唱這位綠林豪傑的英雄事蹟，有的「業餘演員」在林中的空地上表演羅賓漢和他的夥伴殺富濟貧的俠義行為。

斯特拉福鎮綠樹成蔭，風景秀麗，一些享有盛名的建築座落於此，比如位於亞芬河畔的十三世紀建成的聖三一教堂。教堂頂部的尖塔呈六角形，塔上有十座大鐘，每到盛大的節日，鐘聲響徹雲霄。

除聖三一教堂外，還有莊嚴肅穆的聖十字互濟會教堂。另外，鎮上還有一四九〇年建造的一座相當雅致的大橋，橫跨在美麗的亞芬河上。

在斯特拉福城裡，各色的街道分割了這個小鎮，其中的亨利街是當地有名的皮貨街，街上有一個做軟皮手套的店鋪。店鋪的主人是個名叫約翰 · 莎士比亞的出色青年。

約翰出生在城北四英里處的一個名叫斯威特菲爾的美麗小村落中，父親和哥哥都是佃農，租種貴族地主羅伯特 · 亞登的土地。亞登沒有兒子，只有八個女兒。臨終前，他指定幼女瑪麗和愛麗絲作為他

第一章 幸福的童年

(一)

財產的繼承人，其中瑪麗繼承了父親的兩座住宅、五十英畝田地和六磅十三先令四便士的現金。

後來，瑪麗嫁給了租種她家土地的佃戶的兒子約翰 · 莎士比亞。不過，約翰並不想步父兄的後塵繼續做佃戶，而是想到外面去闖一闖。於是，他帶著妻子瑪麗從村裡跑到斯特拉福鎮學做軟皮手套，並在亨利街上開設了自己的店鋪，生意非常興隆。

當時，人人都要戴皮手套，而本地的製造業者又受「國會法案」的保護，所以製造皮手套是一門很賺錢的行業，而且也是當地勢力最龐大的行業之一。手套業者們在鋪砌整齊的市場廣場大鐘下選擇最有利的位置，搭起攤棚，進行生產加工。直到一百年之後，這裡才被綢緞商人所取代。

約翰 · 莎士比亞經營的是細緻的白皮，這是製造高級手套的原料。不過，除了主經營手套之外，約翰在其他行業中也有涉足，比如飼養牛羊，屠宰、出售牛羊肉，還販賣木材、穀物、麥芽（釀造啤酒的原料）等，生意做得很紅火。

斯特拉福鎮沒有城牆，街道寬闊挺直，然而在精神上卻仍舊是個禁錮、狹隘的中世紀小城鎮。像英格蘭的其他城鎮一樣，這裡是根據前人傳下來的一套嚴格方法來治理的。市鎮當局竭力保護當地的實業，不允許外人介入，所有的行業都被嚴格控制和監管，居民們需謹遵法規以維護治安。

在小鎮裡，如果居民不幫自己的小狗帶上口罩出門，或讓鴨子在街上亂跑，或玩「任何不法的遊戲」，或夏季到了晚上八點孩子還未回家，或從城裡的碎石坑拉些碎石自用等，都是要被罰款的。

法規如此繁多，要想一點都不犯是不可能的，所以，城裡幾乎沒有哪個居民沒被罰過款。

在食品方面，小鎮也有一套嚴格的方法，管制著食物的價格和品質。每年，小鎮會推出兩名「酒官」負責管制麵包師傅、屠夫、旅館業者嚴守價格規定；不讓釀酒業者在釀製過程中添加一些騙人的東西；也不許零售啤酒的婦女以未密封的啤酒待客。大約在一五五六年時，約翰 · 莎士比亞還擔任了小鎮的酒官。

次年，約翰又進入小鎮的治理機構——議會，在古老而漂亮的市政大樓裡開會。在開會時，還要穿著特別的袍子。如果忘記穿袍子，那也是要被罰款的。

一五五八年，約翰又成為這個小鎮的警官之一，負責對該城的法律未有明文規定的過錯加以判定、處罰等。由於表現出色，一五六一年，他又與約翰 · 泰勒一同被任命為市政官，負責監管當地的稅收等。

(二)

一五五八年，約翰和瑪麗的第一個孩子出生了，是個女兒，可惜不久就夭折了。四年後，瑪麗又生了一個女兒，取名為瑪格麗特，但也於次年不幸夭亡。

一五六四年四月二十三日，約翰和瑪麗的第三個孩子降生了。這次出生的是個男孩。關於他出生的具體日期，是根據當地聖三一教堂教區登記簿上的記載大概推算的，上面記載「約翰 · 莎士比亞的兒子威廉，四月二十六日洗」。

按照當時古老的天主教習俗，孩子一般在出生後三日受洗，認為這樣可以洗淨孩子靈魂上的原罪。所以，後人歷來都認為威廉 · 莎士比亞是出生於一五六四年四月二十三日；而他去世的日期恰巧是一六一六年四月二十三日，生與死同月同日。這似乎在昭示人們：對於這個偉大的人物，雖死猶生。

由於是市政官員的長子，所以小威廉必須穿著白色的衣服，在河邊漂亮的聖三一教堂裡，體面而隆重的接受約翰 · 勃列奇特多牧師的施洗、命名，正式成為英國教會中的一名教徒。

此時在英國各地，宗教和政治都是密不可分的，英格蘭境內的人既要效忠於英國伊莉莎白女王陛下，也必須忠誠於教會。每到星期天，如果居民們不帶上自己的一家老小到教堂做禮拜，也會被罰款。

小威廉剛剛出生三個月，斯特拉福城裡就發生了一場大瘟疫，半年內就有三百五十餘人喪命。幸好母親瑪麗當機立斷，帶著威廉離開斯特拉福城，躲到空氣清新的娘家溫考特，才讓小威廉躲過了這一劫。

在小威廉出生的同一年，市議會剔除了一名人員，增補約翰 · 莎士比亞為市府參事。現在，約翰已經成為斯特拉福鎮人人豔羨的社會顯要——約翰 · 莎士比亞先生了。

不久，斯特拉福鎮獲得了伊莉莎白女王的弟弟——愛德華國王的特許，擁有自治權力。兩年後，約翰 · 莎士比亞獲得提名，角逐「高級州官副手」。這也是該城職務最高的官員了，與市長職位相當。第一次提名時，約翰落選了；第二次約翰終於當選。

一五六八年十月一日，約翰宣誓就職，任期為一年。一五七一年，約翰又被任命為首席參議員，任期也是一年。

如今，約翰可謂名利雙收，每天要到議會廳主持會議，還有專人護送。而且身為市長的約翰 · 莎士比亞同時也是治安法官，並在「記錄法庭」中任法官，主持法庭事務等。

按照當時的慣例，有名望有資產的家族都可以擁有自己的盾形家徽。於是，約翰向倫敦的紋章院申請批准使用盾形家徽，但未獲得批准。

這以後，瑪麗又先後生下三個兒子和一個女兒，分別為吉伯特、理查、愛德蒙和瓊恩。但是，他們的壽命都不長，吉伯特四十五歲去世；一五七四年出生的理查三十九歲就去世了；而一五八〇年出生的埃蒙特僅僅二十七歲便離開了人世。

(三)

威廉．莎士比亞是家中的長子，因而也理所當然被父母寄予了很大的期望。因為父親的緣故，小莎士比亞的童年過得無憂無慮。

母親瑪麗發現，小莎士比亞與其他孩子不同。每到星期天，孩子們都必須要與大人一起到教堂裡聽講道、頌聖經、唱聖歌、做祈禱……每到這時，平素活潑好動的小莎士比亞總是會靜靜坐在椅子上，專注望著牧師亨利。

當時，在英國教會裡講道主要使用英語。當畢業於劍橋大學的新教徒亨利牧師聽說小莎士比亞對他的講道很「虔誠」時，就試著教他背誦《主教聖經》和《通用祈禱書》中的一些段落。小莎士比亞很快就能流利背誦出來了，而且還能進行教義回答，這讓亨利非常高興。後來，亨利經常教小莎士比亞讀一些書，他們成了好朋友。

每次從教堂回來，小莎士比亞都會把弟弟吉伯特和妹妹瓊恩當成聽眾，站在他們面前大聲演講，有時像爸爸一樣激情澎湃，有時又像牧師亨利一樣莊嚴肅穆。

瑪麗對兒子的表演很不解，她悄悄問約翰：

「我們的兒子怎麼會對新教那麼感興趣呢？」

約翰微微一笑，回答說：

「恐怕他不是對新教感興趣，而是對英語感興趣吧，要不你給他講點與教義無關的故事試試。」

約翰猜的果然不錯。瑪麗後來有意講故事給孩子們聽，無論她講什麼，小莎士比亞都聽得非常認真。如果哪一天沒有故事聽的話，他就會顯得非常失望和煩躁。有時，他還會斷斷續續複述故事給弟弟妹妹們聽。

瑪麗明白了，是故事和文字遊戲給孩子們帶來了快樂。尤其是小莎士比亞，對文字和故事的興趣最為濃厚。

當時，英格蘭人都十分喜歡閒聊，斯特拉福小鎮也是一樣。在這個小城鎮裡，約翰就是個話匣子，常常成為小鎮的中心人物。每當父親和其他人在一起閒聊時，小莎士比亞都喜歡跑到他們中間去，津津有味聽著。

一五六九年，小莎士比亞五歲的時候，倫敦女王劇團到斯特拉福演出。當父親約翰把這個消息告訴家人時，小莎士比亞還不知道演戲是怎麼回事。

父親告訴他，演戲就是好多演員在舞台上表演故事。一聽說有故事，小莎士比亞興奮得手舞足蹈，對看戲充滿了期待。

好不容易等到了能去看戲的時刻，一家人興高采烈來到市政大廳內等著戲開演。雖然小莎士比亞對戲的情節難以理解，尤其對演員們大段的對白都聽不懂，但這並不妨礙他看戲。尤其是看到有人從幕布後出來，一面吹著樂器一面跳舞，還有人出來連翻幾個筋斗，更是覺得有趣極了。

這齣戲給小莎士比亞留下了深刻的印象。也就是在那時，他開始萌發了當演員演戲的念頭，並立即把這個願望表達出來。

在回家的路上，小莎士比亞興奮的對父母說：

「他們演得太棒了！等我長大了，我也要演戲。」

兒子的話讓約翰一陣驚訝。在那時的英國，人們對演戲都抱有偏見，認為演員是下九流，是身份低賤的象徵。因此，約翰生氣的對兒子說：

「你怎麼有這樣的想法呢？真是沒出息！你這種身份的人只能看戲，絕對不能演戲！」

小莎士比亞見父親生氣了，有點害怕，不敢再說話了。幼小的他當然不知道當時人們對演員這個職業的看法，演戲在當時被認為是低賤的職業，演員的身份自然也是低人一等的。像他這樣在當地有身份有地位家庭中成長的孩子，怎麼能被允許去演戲呢？

小莎士比亞的話也提醒了父親約翰，他開始思考該如何培養這個兒子。他想到了當地的文法學校，打算盡早讓兒子去學校接受教育，打消他要演戲的念頭。

揭幕

——To be or not to be；that's 莎士比亞

第二章　就讀文法學校

書籍是全世界的營養品。生活裡沒有書籍，就好像沒有陽光；智慧裡沒有書籍，就好像鳥兒沒有翅膀。

——莎士比亞

揭幕
——To be or not to be；that's 莎士比亞

(一)

一五七一年，小莎士比亞七歲時，父親約翰將他送到鎮上的文法學校就讀。

莎士比亞在後來創作的戲劇《羅密歐與茱麗葉》中，曾將放學歸來的兒童比做急急忙忙前往赴約的戀人，而將上學的孩子比做正在分手作別的戀人。在喜劇《皆大歡喜》中，他也曾說一個學童「像蝸牛一樣慢騰騰拖著腳步，不情願的嗚咽著走向學堂」。從這些描述中，可以看出童年的莎士比亞對上學這件事並不感興趣。

但是，多年以後，當莎士比亞揮筆創作戲劇時，他也許會感激父親當年將他送入文法學校接受了良好的教育。

文法學校是文藝復興時代的產物。它與中世紀基督教會創辦的學校不同，學校特別注重拉丁文的學習，教學一般也都採用拉丁文，嚴肅而枯燥。

在十六世紀，國際交往的重要語言就是拉丁文，類似於今天的英語。對當時的英國人來說，學習拉丁語還有一層更重要的含義：在伊莉莎白時代，英國將羅馬帝國視為公民道德的楷模。據說，不列顛是由一個名叫勃魯托斯的羅馬人創立的，因此羅馬人使用的語言就成為英國人語言的規範。

斯特拉福鎮的文法學校在英國頗有盛名，是由市政委員會撥款的，校內設備精良，聘請的教師也都是牛津等名牌大學的畢業生。學校裡每個學期只有一位教師，這名教師要擔負各個年齡段學生的所有課程，待遇自然也非常優厚。而學校對市政委員會的子女們進行的都是免費義務教育。

學校執行嚴格的作息時間。在冬天裡，每天早晨七點必須到校，夏天則是六點，然後要用拉丁文祈禱，感謝上帝讓自己成為品行端正、聖潔的孩子；接下來要先上課，直到九點鐘才允許吃早餐。

早餐完畢，孩子們要繼續上課，一直到十一點回家吃午餐。下午一點，孩子們還要匆匆返回學校，學到三點鐘休息一會兒，再一直苦熬到下午五點鐘放學。

學生們學習的拉丁文法基本都是用科列特和威廉 · 李利合編的《拉丁法》這本教材。但是，一百個孩子裡也未必會有一個能在以後的事業中用到拉丁文。因此，對拉丁文的學習可以說是「一種不自然的靜止」，即使孩子們的水準可以欣賞舊時作者賞心悅目的文筆了，也會因文法的重負而澆滅他們想要學習的激情。

莎士比亞在校就讀期間，任教的老師都是牛津大學的高材生，有肄業的西蒙 · 亨特，有畢業並獲得學士學位的湯瑪斯 · 詹金斯，有主持學校政務的沃爾特 · 洛奇。他們也像當時的老師那樣，教授孩子們拉丁文語法。

不過，莎士比亞沒有班 · 強生、克里斯多夫 · 馬羅那樣幸運，能夠得到慧眼良師的垂青和啟發，在心中燃起對拉丁作家的喜愛。當時也沒有哪個老師注意到莎士比亞的奇異之處，自然也不會想到他後來能夠寫出那麼美好的文字。因此，莎士比亞對拉丁文沒有絲毫的熱愛，此後更是終生都藉助於英譯本來閱讀拉丁文學作品。

除了文法之外，學校還有對話、修辭、翻譯、邏輯、演說等科目的練習。學校非常注重語音的訓練，強調語調的抑揚頓挫，鍛煉學生在大庭廣眾之下說話的能力和技巧，學生必須達到吐字清晰、談吐優美、富有音樂感。這樣的語言訓練無疑對莎士比亞將來成為職業演員奠定了良好的基礎。

同時，在莎士比亞日後創作中的許多人物身上，也都可以看到演說家的風采。這些人物滔滔不絕的談論、辭藻華美的抒情以及扣人心弦的獨白等，都表現了作者本人在這方面的卓越才華。

在文法學校裡，莎士比亞還學習了拉丁詩文，主要包括伊索、普勞圖斯、塞內卡、泰倫斯、西塞羅、賀拉斯、維吉爾以及奧維德等羅馬作家的作品。其中，普勞圖斯和泰倫斯的喜劇、塞內卡的悲劇以及奧維德的詩歌等，對莎士比亞後來的創作影響很大。尤其是奧維德的長詩裡，有許多關於古代神話和人物刻畫的描述，莎士比亞後來在戲劇中所運用的神話幾乎全都來自奧維德的《變形記》。在他最早的戲劇作品《空愛一場》中，他還將這部詩集當成是學童學習拉丁韻文的典範。

法文是文法學校中最後一門功課，但文法學校的學生在學習法文時，重點仍是學習它的語法規則和文法等。莎士比亞的法語完全是後來在倫敦時學習的，因為他還沒等從文法學校畢業，就不得不輟學回家了。原因是這個時候他的父親已負債累累，作為長子，他不得不離開學校，靠學點手藝來幫助父親支撐起家庭。

在文法學校，拉丁文雖然被當做重要學科來學習，但本國語言更能輕鬆自如表達自己的情感。懂得拉丁文能擁有人們的尊敬，但英文卻能夠為一個作家創造出思想和激情的火花。莎士比亞以其卓越的文學才華，盡情運用發掘英國文學中的浩瀚知識，在作品中將引文運用得嫺熟而極致，從而令英語大放光彩。

總之，文法學校的生活儘管枯燥乏味，但也為莎士比亞以後的創作奠定了基礎。在學校裡受到的許多訓練和培養，在他日後的闖蕩和創作生涯中都得到了最好、最充分的運用。

揭幕
——To be or not to be；that's 莎士比亞

(二)

在莎士比亞求學時期，巡迴劇團不時來到斯特拉福鎮演出，演出的劇碼一般為道德劇和神祕劇。道德劇裡面既有令人捧腹大笑的演出，也有富含道德的教誨；神祕劇又稱宗教劇，原來只是教會在節日時的演出，後來加入了戲劇的成分，增強了娛樂性。神祕劇一般從《聖經》中取材，如《最貞潔神聖的蘇珊娜》；也有的是從古典文學中取材，將其中的人物以戲劇的形式表演出來。

一五七五年，小莎士比亞十一歲時，發生的兩件事深深刻在他的腦海當中。

第一件是這年的 7 月，由於伊莉莎白女王駕臨肯尼沃斯堡的萊斯特伯爵家中做客，他和父親去了距離斯特拉福鎮不遠的肯尼沃斯堡參加盛大的慶祝活動。

肯尼沃斯堡始建於十二世紀，後來伊莉莎白女王的寵臣、權傾朝野的萊斯特伯爵又重新修建，並將它裝飾一番。巨大的城堡頂上矗立著一座塔樓，塔樓上高高飄揚著一面繡著象徵族徽的萊斯特伯爵的肖像。

萊斯特伯爵為了討女王的歡心，還舉行了隆重的歡迎儀式，並且敞開花園大門，任人出入；草地上和湖邊都在舉行各種演出，附近的居民紛紛前來參觀。在這個花園中，莎士比亞看到了各種珍奇的花卉、終年噴湧的噴泉以及關在鍍金籠子裡的漂亮孔雀，這些都顯示著主人的權勢和地位。

這次活動給小莎士比亞留下了深刻的印象，他平生第一次見到這麼熱鬧的景象，同時，也領略到了女王至高無上的權利。

萊斯特伯爵對女王的盛情款待不僅讓女王大為歡心，還進一步提高了自己的知名度。在那幾年中，由於英國「圈地運動」以及一系列的沒收政策，很多農民失去了土地和財產，流落街頭。對此，政府深感頭痛，女王幾次下令禁止乞丐流浪，違反三次者就會被處以死刑。而劇團由於需要巡迴演出，演員們生怕被政府當成遊民，因此紛紛尋找貴族庇護。地位顯赫的萊斯特伯爵自然成為他們有力的保護傘，於是萊斯特伯爵劇團應運而生。

由於貴族的贊助和參與，演員們的地位和藝術水準有了很大提高，表演也更具感召力，劇團的規模也逐漸得到發展。萊斯特伯爵劇團改換招牌後不久，就來到斯特拉福鎮演出了。約翰作為市政委員的執行官，親自代表小鎮市民接待了劇團。

對小莎士比亞來說，戲班子的生活是一道特別的風景。在五歲時，他就曾跟父親一起看過一次演出，從此對戲劇的興趣有增無減。這次劇團到鎮上演出，他簡直興奮極了，天天一放學就跟著戲班子跑來跑去的。演員們也都很喜歡這個過分熱心的小觀眾，時不時逗引他說：

「來我們這裡跑龍套吧，好不好？」

在莎士比亞的記憶中，這是他第一次看到真正的職業演員演出。可以想像，少年莎士比亞一定對演戲很感興趣，也許這也正是他把畢生貢獻給戲劇的最初原因。後來，他在戲劇《哈姆雷特》中曾滿懷親切之感描寫了流浪劇團的演出情況。

(三)

一五七九年，莎士比亞明顯感到家中的氣氛不對勁。他先是注意到父親在這些日子裡消瘦了很多，每次吃飯時，也不像以前那樣說些輕鬆的玩笑，或逗幾個孩子說笑，而是坐在桌子前默不作聲吃飯，吃得也很少。接著是母親把家裡的女傭都辭退了，自己親自料理家務，原先紅潤的臉龐也變得憔悴了。

有一天晚上，莎士比亞在臨睡前偷聽到了父母談話。原來，父親因政務繁忙而使生意受到了影響，他經營的穀物、羊毛、麥芽等生意都虧了本。在母親的堅持下，父親不得不將她的陪嫁房產——溫考特的阿斯比斯莊園抵押給姨父愛德蒙 · 蘭伯特。

到了一五八〇年，家裡的情況更加糟糕：父親與當地的一百四十個人一起被傳至英國的最高法庭——威斯敏斯特皇家法庭，原因是這些人沒有按時出席議會，有時還不去教堂做禮拜。這在當時被看做是破壞法律或治安的行為。同時，他們還被要求請擔保，保證他們今後不再擾亂女王治下的安寧。

由於父親沒有出庭，結果被罰款二十英鎊。而同時，父親因為替另一位與他處境相同的人作擔保，又被罰款二十英鎊。

四十英鎊的罰款，對於一個已負債累累的家庭來說，無異於雪上加霜。

由於家庭的變故，小莎士比亞不得不提前輟學。雖然父親一直想把他培養成一個有出息的人，讓他得到最好的教育，但現在父親已沒有能力再繼續供他讀書了。因為他是家中的長子，下面還有弟弟妹妹，這個家需要他和父親一起來承擔。莎士比亞無奈接受了這個現實。

抵押農莊的錢沒能支撐多久。為了維持生活，父親不得不四處借錢。雖然他已經因為忙於生意而沒有按時去教堂做禮拜被罰款，可他根本顧不了那麼多。

漸漸的，約翰退出了幾乎所有市政活動，也不再出席市政委員的會議了。到那年的冬天，斯特拉福市政委員會作出決定，鑒於約翰的情況，讓他免繳市參議員每人每週四便士的貧民賑濟捐款。

不久，約翰．莎士比亞的名字從市政委員會的花名冊上消失了，在斯特拉福鎮的市政委員會上，再也沒有了約翰．莎士比亞那活躍的身影和爽朗的笑聲。他徹底告別了昔日的輝煌。

當莎士比亞結束學生生活後，他的娛樂機會，無論是在斯特拉福還是外面，都大大減少了，他不得不協助父親一起經商，想要恢復衰落的家境。而在離校以後到結婚之前的這段時間莎士比亞是如何度過的，由於缺乏資料，我們無法確切得知。莎士比亞可能一直在父親的店鋪裡幫忙，比如在手套鋪學習裁割皮料、製作手套技巧及送貨等。

在為自己和家人日夜奔波的日子裡，莎士比亞嘗到了做生意的辛勞，還有家境敗落後的世態炎涼。不過，他並沒有因此而消沉。身為家中的長子，他為現在能憑藉自己的能力幫助父親養活一大家子人而感到自豪。只是，手套生意大不如前，勞累和辛苦也賺不來多少錢，所以這個家庭仍然被貧困所困擾著。

揭幕

——To be or not to be；that's 莎士比亞

第三章　婚後離鄉

愚人的蠢事算不得稀奇，聰明人的蠢事才叫人笑痛肚皮；因為他用全副本領證明了自己的愚笨。

——莎士比亞

揭幕
——To be or not to be；that's 莎士比亞

(一)

一五八二年末，莎士比亞剛好十八歲半。這時，他做了一件令人驚訝的事：他結婚了。新娘是比他大八歲的安 · 哈瑟維。後來英國作家羅伊說，這位女子「是一個姓哈瑟維的人的女兒」，而此人是斯特拉福鄰區一個家境殷實的百姓。

羅伊說得不錯，莎士比亞的岳父名叫理查 · 哈瑟維，是老斯特拉福教區一個名叫夏特當的村莊裡的農夫。除了家宅之外，理查 · 哈瑟維還有四十五英畝的田地，所以當時他家境殷實。

安 · 哈瑟維是理查 · 哈瑟維第一次婚姻的長女。在安 · 哈瑟維與莎士比亞結婚的前一年，理查 · 哈瑟維去世了，但他在遺囑中給安留了一份嫁妝。

當時在斯特拉福結婚，需把婚姻預告分三個禮拜天或是假日在教堂裡公布，如果有人反對，可以提出。如果不能公布預告，唯一變通的辦法就是取得烏斯特國教法庭的特別執照，並請人張示保結，即向教會保證結婚後不會出現他人反對。

為莎士比亞和安的婚姻張示保結的是薛特里的兩個農夫——約翰 · 理查斯和弗克 · 桑德斯，他們都是理查 · 哈瑟維的朋友。不過，他們並非出於友情才這樣做的，他們只是專門為人提供保結服務的人而已。

通常申請執照結婚的，必須要附上理由，說明為何不能提出公告。而莎士比亞所附的理由已經流失，因此比較可能的推測是：他結婚的決定很突然，在耶穌降臨節之前已沒有時間提出公告了。在降臨

第三章 婚後離鄉

(一)

節以後一週的主顯節期間，是「禁戒期」，在此期間是不能舉行婚禮的。除非莎士比亞和安願意等到下一年，否則就只能花錢申請執照了。

從這件婚姻的各種情形來看，莎士比亞與他的新娘安事先不可能經過正式的訂婚儀式。在這種儀式中，雙方的家長都應該是最主要的當事人。但從一些資料來看，在這樁草率將就的婚姻中，新郎的父母並沒有在場。

結婚儀式是按照正常的方式進行的，婚禮地點在烏斯特「宗教法庭」，婚禮儀式由科西博士主持。書記忙中出錯，將新娘的名字寫成了「華特利」；在保結上，新娘的名字寫對了，莎士比亞的名字又被錯寫成了「沙格士比亞」。

按照斯特拉福城的習俗，長子結婚後需將新娘帶回父母家住，莎士比亞大概也是這樣做的。莎士比亞家中房子後面有一間廂房，裡面有客廳、廚房，並另外有樓梯通往二樓。婚後，莎士比亞夫婦便住在這裡。

(二)

婚後第二年，安生下一個女兒，取名為蘇珊娜。此後兩年，他們又有了一男一女雙胞胎，分別取名為哈姆雷特和朱迪思。這樣一來，莎士比亞在大約二十一歲時就必須操勞養活一家五口人了。

儘管如此，孩子們的陸續降生還是給莎士比亞帶來了無窮的樂趣。尤其是哈姆雷特，莎士比亞非常喜歡給他講故事。在小哈姆雷特身上，莎士比亞傾注了全部的父愛。他也像當年自己的父親約翰一樣，希望有朝一日哈姆雷特能成為有出息的人。

可惜的是，哈姆雷特的智力和身體均發育不良，不到十一歲就死了，這給莎士比亞造成了很大的精神創傷。

此後，莎士比亞和安再沒有生育過其他子女，也許就像他在日後創作的戲劇《暴風雨》中所說的那樣：

在一切神聖的儀式沒有充分給你許可之前，你不能侵犯她處女的尊嚴；否則你們的結合將不能得到上天的美好祝福，冷漠的憎恨、白眼的輕蔑和不睦將使你們的姻緣中長滿令人嫌惡的惡草。

透過這句話表明，莎士比亞有可能在結婚前被誘惑，所以婚後他對妻子安的感情不是特別親密。在結婚幾年後，莎士比亞便離開了斯特拉福鎮。

關於他離開家鄉的原因，有說法稱是因為他偷獵了湯瑪斯 · 路西爵士私人森林裡的鹿，路西爵士懲罰了他。為此，莎士比亞寫了一首嘲諷路西爵士的詩，觸怒了路西爵士。路西爵士想迫害莎士比亞，莎士比亞只好逃離家鄉。但經過一些學者考證，認為這個說法並不可靠。

還有一種說法認為，在一五八七年時，女王供奉劇團、萊斯特伯爵劇團和埃塞克斯劇團等好幾個劇團相繼到斯特拉福鎮演出。其中，女王供奉劇團因內部鬥毆死了一個人，萊斯特伯爵劇團也因部分人員赴歐洲大陸演出，致使演員緊缺；再加上莎士比亞對戲劇的熱愛，故而可能跟隨劇團去了倫敦，開始了他的戲劇生涯。

莎士比亞離開家鄉的確鑿原因已無法考證，但十六世紀是文藝復興的時代，那個時代的精神進取而開放，許多年輕人都不甘於現狀，想到外面的世界去闖蕩一番。而斯特拉福小鎮顯然不會有什麼出人頭地的機會，不適應莎士比亞的發展。泰晤士河畔的倫敦卻像一塊巨大的磁石一樣，深深吸引著各地滿懷夢想、以鴻鵠為志的青年前去。

後來，莎士比亞在《維洛那二紳士》中藉一個人物之口這樣說道：

年輕人株守家園，見聞總是限於一隅。另一個人物談到，父親們如何把他們的兒子送到外面去找機會：有的投身軍旅，博得一官半職；有的到遙遠的海島上去探險發財；有的到大學校裡去尋求高深的學問。

可以想像，莎士比亞也正是在這樣的時代氣氛中離開故鄉斯特拉福小鎮，到外面的世界去尋找更多發展機會的。

(三)

當時在倫敦與亞芬河上的斯特拉福鎮之間，交通是十分便利的。莎士比亞初到倫敦時，倫敦與中世紀所有的大城市基本相同，只是教堂要比其他城市多得多，因此也被稱為「教堂之城」。這裡教堂林立，最聞名的聖保羅大教堂二十年前，教堂塔尖發生了火災，因圍觀的人把教堂圍得水洩不通，阻礙了救火人員的救援，結果除了方形石基，其他都被燒光了。人們討論來討論去，也做了一些計畫準備籌錢重建，但塔尖卻再也沒有重建起來。

在距離聖保羅大教堂不遠的地方，有一個印刷和買賣書籍的中心。倫敦幾乎所有的印刷廠和書店都在那裡。書商的櫃檯上放著各式各樣的圖書：宗教書籍、英國編年史、地理學著作、遊記、自然科學著作、詩集、小說，以及各種魔法書、拉丁文教科書，等等。這些書以通俗的形式，講述了各種生動有趣的事物和引人入勝的神話傳說。在莎士比亞的劇本中，各種各樣五花八門的知識與這些圖書是分不開的。

此時倫敦唯一的嶄新公眾建築就是新建起來的皇家交易所，是為了讓商人們在惡劣天氣不至於在街上遭受風吹雨淋而建造的。皇家交易所占地面積很大，光樓上的迴廊裡就設有一百多家小店。

後來，莎士比亞在他的喜劇《威尼斯商人》中描繪安東尼奧和夏洛克見面的場景時，他表現的並不是威尼斯的廣場，而是倫敦的這所交易所。

流經市區的泰晤士河將倫敦分為東西兩個部分。泰晤士河西岸是王室和貴族的居住區，莎士比亞曾在那裡演出。城市的另一端，則是陰森恐怖的石頭城堡倫敦塔，被判犯有國事罪的人都被囚禁在那裡。在莎士比亞的歷史劇中，倫敦塔總是會令人聯想起執政者的兇殘暴行。

倫敦還有許多旅館和酒店，麥酒是當時最流行的飲料。一些街頭的小酒館是人們經常聚會聊天的好地方。莎士比亞在他的《亨利四世》中描寫的「野豬頭」酒店，就是當時最有名的一家小酒店。而莎士比亞本人也經常在一個名叫「美人魚」的小酒店裡與當時知名的劇作家、詩人以及演員們喝酒、聊天，探討各種藝術問題。

倫敦人都十分喜愛音樂，街上到處都能買到各種樂譜。當地的貴族都擁有私人家庭樂隊；一些流浪歌手則在街頭、旅館的院子裡、集市和廣場上賣唱，吸引著大量的聽眾。

總而言之，那個時代的倫敦基本就是這樣的。熱鬧、充滿活力，與恬靜的斯特拉福鎮截然不同，因此它深深地吸引了年輕的莎士比亞，他決定在這座城市裡住下來。

當時倫敦城中的任何一個人可能都不會想到，就是這個從外省小鎮來的默默無聞的年輕人，日後竟然成為一個英國人世世代代引以自豪的偉大戲劇家。

揭幕

——To be or not to be；that's 莎士比亞

第四章　激發天才的時代

再好的東西，都有失去的一天；再深的記憶，也有淡忘的一天；再愛的人，也有遠走的一天；再美的夢，也有甦醒的一天。

——莎士比亞

揭幕
——To be or not to be；that's 莎士比亞

(一)

一五七六年前後，富有遠見的詹姆斯 · 博比奇在倫敦北部投資創建了第一座劇院。劇院建築風格仿照以前演出的旅館庭院，呈環形建築，有兩到三個迴廊圍繞著一個露天的表演場地，場地上的舞台很突出，讓觀眾能清楚看到上面演員們的表演。

隨後，另外一所劇院也開始修建。當莎士比亞從斯特拉福鎮來到繁華熱鬧的倫敦時，倫敦已經有天鵝劇場、玫瑰劇場、幸福劇場和花壇劇場等多家劇場了。

剛來到倫敦時，莎士比亞只認識一個名叫理查 · 菲爾德的同鄉，他們的父親曾是好友。一五七九年時，菲爾德就來到倫敦了，在印刷商多瑪伏特 · 洛里埃的店裡做學徒。到一八八七年，師傅去世，菲爾德成了店主。他練就了一身好手藝，專門印製一些銷路好的著作。

莎士比亞初來倫敦，菲爾德幫了他不少忙，給他介紹了不少演員和劇作家，因為他們經常到他的店裡看書或印書。這些演員和劇作家知道莎士比亞想演戲後，並沒有像斯特拉福鎮的人們那樣看不起他，而是熱心把莎士比亞介紹到一個名叫斯特基的戲劇團中。從此，莎士比亞一直與菲爾德保持著來往。後來，他的第一首敘事長詩《維納斯與阿都尼》出版單行本，就是在菲爾德的印刷廠印製的。

一五八〇年代的伊莉莎白時期，在舞台上演戲並不是一件容易的事情。一個演員需要經過長期、辛苦的磨練才有可能在大城市的劇團裡挑大梁，擔任主要角色。

當莎士比亞進入戲劇團當演員時，舞台已經變得更大、更複雜了。為了使表演更逼真，有時演員必須從戲院後台的小台上摔下來，以求演得更加逼真。

倫敦戲劇團的許多演員都是「從小就練功夫」的，而莎士比亞在二十多歲才進入這個行業。如果僅憑刻苦訓練，實在是難以勝任。而一五九二年時莎士比亞就已經聲名鵲起了，被譽為一個極其優秀的演員。這意味著，莎士比亞一定有先天強於他人的條件：強壯的身體和美好的嗓音，同時善於在戲院仔細揣摩。只有將這兩個要件完美地結合起來，並發揮到極致，他才能獲得成功。

開始時，莎士比亞的處境也比較艱難，但隨著經驗的增多，他開始在劇中擔任一些配角，憑藉機智、靈活和對戲劇的痴迷，一步步走向舞台，並很快揚名。

據說，伊莉莎白女王十分欣賞莎士比亞從容、機智的演技。有一次，莎士比亞所在的劇團為女王演戲，莎士比亞在其中扮演一位國王。看戲的女王為了尋開心，就故意將自己的一隻手套扔到舞台上，以此試探一下莎士比亞的反應。

莎士比亞一點都沒驚慌，他一邊俯身拾起手套，一邊即興發揮道：

「雖然孤王定要完成此項重要使命，但孤王還是應該先將御妹的手套拾起。」

演出結束後，莎士比亞將手套歸還給女王，女王大大誇讚了他一番。

(二)

當時，斯特基戲劇團是倫敦著名的劇團之一，初期主要表演跳躍、翻筋斗等雜耍。一出標準的戲碼，通常有一半以上的特技表演。而戰爭和圍城又是觀眾最喜歡看的，因此倫敦的舞台一般分成高低不同的層，上層舞台主要用來做城牆和塔樓。一個演員必須學會如何從城塔上摔下，並保證既不摔傷自己，又不會損壞昂貴的戲服，因此，特技對演員非常有用。

劇團的演員還需要接受劍術訓練，因為倫敦的觀眾對劍術技術懂得很多。即便是普通的倫敦人，也多是擊劍專家，他們可不願花錢去看幾個草包演幾招花拳繡腿。所以，戲院也常常雇用職業的鬥劍者示範給演員看，讓演員觀摩學習。

一位元好的鬥劍者不僅需要耐力，還需要好幾年的嚴格訓練，因為伊莉莎白時代尖銳的短劍是一種非常殘忍的武器，鬥劍者必須學會在近距離裡以手腕和前臂進行一連串兇猛而適當的刺殺，甚至要對準敵方的眼睛或胸肋以下的部位刺去。這種技術對演員來說可不容易學到！

另外，倫敦觀眾還很喜歡觀看血腥的廝殺、斷手斷腳的戰爭場面等表演。在近在咫尺的觀眾面前表演把劍戳入「敵人」的腦袋，或將「敵人」的肚腸拉出來，不傷及對方，且不妨礙接下來的表演，也是一件煞費苦心的事。

在伊莉莎白時期，表演十分注重舞台效果。例如，劇情需要血流五步，就必須要讓觀眾看到真正的血。

第四章 激發天才的時代

（二）

透過經驗，演員們得知，牛血太濃稠，流不動，自然也流不到五步遠。而羊血的效果要好得多，所以通常用的都是羊血。在表演廝殺的戲目時，演員們要使用手中的劍刺向「敵人」，同時按下機關，令劍身縮回；而扮演「敵人」的演員則在衣服內佩戴血囊。當血囊被劍刺中後，演員要馬上彎下身，鮮血便會噴湧而出。這樣的效果觀眾看到後才會感到非常滿意和過癮。

有時，演員們也要用真劍上台表演，這時演員就必須佩戴護板。比如在一場名叫《宮廷之役》的演出中，有一場開腸破肚的戲，劇務人員事先準備了三小瓶羊血，以及一隻羊的心、肝、腸、肺等器官。這樣，演員們就在大白天裡，為挑剔的倫敦觀眾上演了一出挖心掏肺的好戲。

在劇團中，舞蹈是一個考驗演員體能和身體駕馭力的項目。通常在一部戲中，除了寫入劇情中的舞蹈之外，在戲結束前也有舞蹈表演。曾有一位外地的遊客到倫敦，看到了莎士比亞所在劇團演出的《凱撒大帝》後說：

「劇終時，他們一起合舞，曼妙而優雅。」

與此同時，英國演員在出國表演時，國外的觀眾也經常會提及他們在演出時的舞蹈技巧。

這個時期，演員的舞蹈動作都激猛而富有戲劇化。倫敦的舞蹈學校裡教的也都是一些複雜的舞步，如流行於十六七世紀的一種名叫「蓋里要得」的雙人舞等。如果一名劇團演員具有專業而出色的舞蹈水準，那麼觀眾對他的期盼也會相當高。

(三)

劇團的演員除了具備以上各種技能外，一個最初出道的演員還要學會一人飾演兩個角色或更多的角色。即使是很大的劇團，演員一般也不會超過十二個，同時也請不起臨時演員。這樣一來，戲詞短或根本沒有戲詞的角色就要不斷忙著趕場，不斷更換戲裝，以便扮演不同的角色上場。

這樣的演員，也許一會兒扮演貴族，一會兒又要扮演侍從、小孩、船長，甚至是鬼魅等。雖然這個角色不起眼，但卻需要演員有充沛的精力和出色的記憶力，以便能熟悉記憶各種不同的台詞才能勝任。

演員還必須有一副好嗓子。在那時，好劇本中固然充滿了動作，但要真正抓住觀眾的情緒並非完全靠演員肢體上的表演，還要有台詞。在演出時，觀眾必須認真傾聽，才能弄清各場故事的內容、演員的情感及劇本中的詩句等。

通常觀眾對演員們在演出時所使用的詞彙特別容易動容，因為看得多，也能快速抓住演員語言中的確切含義，並完全領會其中的樂趣。所以，演員們能夠清晰說出台詞，也是演出獲得成功的首要條件。

演員在說台詞時語速是很快的，因此呼吸的控制、語氣的輕重和字詞的發音等都必須完美，這樣才能讓觀眾的情緒和舞台上的演出連續不輟。

莎士比亞剛到倫敦時，演員們在演出說台詞時經常會在句尾加重聲音，以便能從容地在固定間歇裡換氣。但在此後十年中，這樣的方式越來越顯得拘泥古板，因此一種精巧柔美的無韻詩逐漸取代了它。不過，演員們要靈活掌握這種詩句就更加困難了。而將這種新的創作方式推廣運用的功臣，就是莎士比亞。

即便是台詞的舊式寫法，機械化的語調和大量的押韻都是那時演員需要掌握的，這也是件很不容易的事。那時演戲採用的都是選定劇碼的方式，沒有一齣戲會連續演兩天，演員每晚都要演出不同的角色。記不住台詞的演員，在這個競爭激烈的行業根本不能待太久。而莎士比亞能夠在倫敦的舞台上屹立四十多年，可見其技藝和水準應該是相當了得的。

莎士比亞不僅如我們所知那樣，是個傑出的劇作家，還自始至終都活躍在表演舞台上：一五九二年，他就已經成為一名著名的演員了；一五九八年，他在《人各有癖》一劇中擔任主要演員；一六〇三年，在《西加納斯》中，他被列入「主要的悲劇演員」之一；一六〇八年，在開始著手使用布萊克福賴爾戲院時，他仍然是戲院裡的男演員之一。

可以說，自從登上戲劇舞台之後，莎士比亞就一直都在堅持不懈演出。不過，莎士比亞的抱負並不是演戲或戲院管理。在戲劇事業的初期，他就已承擔起戲劇寫作的工作了，而且還十分成功。

由於自己本身就是個演員，莎士比亞對與戲劇有關的一切技術方面的事務也十分熟悉。比如，他對演員的獨白道詞就很留意，同時還能適當地給予批評和建議。在《哈姆雷特》上演時，他就曾指出演員們在演出時所犯的通病，並給予演員恰當的指導。

所以，演員的身份也讓莎士比亞較同時期其他劇作家更占優勢。通常的劇作家都是按照戲院老闆的要求來寫劇本，根本不關心他們寫的劇本在觀眾中會產生什麼效果；而莎士比亞不同，他在自己的劇本演出時隨時在場，有時還親自在劇碼中扮演角色，因此他也能確定自己的劇本是否可以達到預期的效果。這也許就是他的劇作一直能盛行到現在且持久不衰的主要原因吧。

第五章　站在「大學才子」的肩膀上

為一件過失辯解，往往使這過失顯得格外重大，正像用布塊縫補一處小小的破孔，反而欲蓋彌彰一樣。

——莎士比亞

揭幕
——To be or not to be；that's 莎士比亞

(一)

一個人能夠取得巨大的成功，是因為他站在前人的肩膀之上。在中世紀，英國的戲劇發展經歷了幾個階段。首先出現的就是神祕劇，它主要是根據《聖經》中的一些故事稍作改變而成的宗教戲劇，通常只在教會節日中出演。

隨著英國宗教改革運動的開展，神祕劇逐漸退出歷史舞台，此後寓言劇進入英國戲劇行列。這種劇型除了進行道德說教之外，沒有其他的特色，劇本缺乏人物性格的塑造，也沒有生動的故事情節，因此舞台上只有諸如邪惡、善良、愚蠢、聰慧、痛苦、歡樂等擬人化的角色，非常枯燥乏味。

接著又出現了一種新的戲劇形式——插劇，顧名思義，就是在某些特定場合中演出的一種插曲式的短劇。這種劇型出現在十五世紀末期，開始時與道德劇聯繫密切，說教性強，後來逐漸以喜劇形式代替了說教。

十六世紀以後，隨著文藝復興運動的發展，人文主義思潮逐漸滲透到戲劇文學創作當中。一些大學的教師開始模仿古希臘、古羅馬的戲劇進行創作，並由他們的學生來演。其中最值一提的，是一五三〇年代時伊頓公學的校長尼格拉斯 · 猶大創作的第一部英文喜劇《拉爾夫 · 勞埃斯特 · 道埃斯特》，以及五〇年代時兩位知識淵博的法學家湯瑪斯 · 塞克維爾和湯瑪斯 · 諾爾頓創作的英國第一部悲劇《高伯達克》。

不過，這些創作和演出都只限於學校這個狹小的範圍之內。到了

第五章 站在「大學才子」的肩膀上

(一)

一五八〇年代一批受過高等教育、知識淵博且擁有卓越才華的「大學才子」們才創作出一批優秀的戲劇作品，並逐漸推廣到社會，這才給英國的戲劇帶來了真正的革命。

「大學才子」派的主要劇作家有馬羅、李利、吉德等人。之所以要介紹這些人，是因為「大學才子」們既是引導莎士比亞進行戲劇創作的先驅，也是他曾經效仿的物件。正是在這些人的創作基礎之上，莎士比亞才步入了自己戲劇創作的輝煌時代。

克里斯多福 · 馬羅（一五六四～一五九三）是「大學才子」中才華最卓越、取得成就最輝煌的一位，在文學戲劇史上享有「詩劇的晨星」、「英國悲劇之父」的美譽。他是在莎士比亞以前英國戲劇界最為重要的人物，也是文藝復興時期英國戲劇的真正創始人。

馬羅曾在劍橋大學讀書，並在那裡系統的學習過拉丁文、希臘文和神學等課程，還連續拿到了藝術學士和碩士兩個學位。畢業後，他將自己的卓越才華獻給了戲劇創作。

馬羅對英國戲劇的貢獻首先在於他發明了無韻詩。他創作的無韻詩氣勢恢弘，激情昂揚，充滿了力量。這種戲劇詩體最大限度適應了文藝復興時期蓬勃奮發的時代精神。

例如，在他的代表作《帖木兒大帝》中，當帖木兒的愛妻澤諾克麗特將死之時，悲痛欲絕的帖木兒高呼道：

把大地砍斫，讓它裂成兩半，
我們要闖進魔鬼居住的宮殿，
一把揪住命運三女神的頭髮，
把她們丟進地獄的三道壕溝裡，

因為她們奪走了我心愛的澤諾克麗特。

這種充滿激情的無韻詩體深深吸引並感染了年輕的莎士比亞。在他最早創作的歷史劇《亨利六世》中，當弱小的安夫人面對殺害自己丈夫的理查噴發出仇恨的詩句時，同樣有著悲壯的激情與力量：

啊，上帝呀！
你造了他的血，就該為他復仇；
啊，大地呀！
你吸了他的血，就該為他伸冤；
或是讓天公用雷電擊死這個殺人犯，
或是讓大地裂開大口把他立刻吞沒。

當莎士比亞剛來倫敦，還在劇院裡做雜事時，馬羅就已經在戲劇領域取得了輝煌的成就了。二十三歲時，他創作出了第一部知名作品——《帖木兒大帝》，在英國劇壇引起巨大轟動。

在這部作品中，馬羅塑造了一個叱吒風雲卻又野心勃勃的征服者形象，充分體現了文藝復興時期的巨人精神。同時，劇本還強調「天國的幸福絕對比不上塵世的快樂」這樣的人文主義觀點。在這部史詩般的悲劇中，始終表現著文藝復興時期的一個典型主題——歌頌人間的生活、現世的快樂，從而被認為是英國人文主義戲劇繁榮的發端。

此後，馬羅又創作了《馬爾他島的猶太人》、《愛德華二世》、《巴黎大屠殺》、《浮士德博士的悲劇》等多部戲劇。

遺憾的是，一五九三年五月三十日，馬羅因意外被刺身亡，年僅二十九歲的巨星幽然隕落，令人扼腕。

(二)

約翰 · 李利（一五五四～一六〇六）是「大學才子」派最年長的一位，也是對莎士比亞早期戲劇創作影響最大的一位。他先後在牛津大學和劍橋大學接受教育，獲得了文學學士和文學碩士學位。

約翰 · 李利創作了一系列喜劇作品，如《昂迪米恩》、《斑比媽媽》、《亞歷山大和坎巴斯帕》等，使英國戲劇擺脫了古典和中世紀的喜劇模式，逐漸走向獨立和成熟。

李利的代表劇作是《亞歷山大和坎巴斯帕》，該劇取材於西元前四世紀的古希臘歷史。故事講的是：

國王亞歷山大愛上了底比斯的女俘虜坎巴斯帕，於是命畫師阿陪里茨為自己畫一幅坎巴斯帕的畫像。然而在畫像過程中，阿陪里茨也愛上了坎巴斯帕。為了能與坎巴斯帕多待一會兒，畫師將自己每天畫好的畫像都撕掉。

後來，亞歷山大發現了這個祕密，但並沒有懲罰畫師，而是成全了阿陪里茨和坎巴斯帕的愛情，而他自己則投身於保衛國家的戰鬥當中。

在這部喜劇中，阿陪里茨所唱的《丘比特與我的坎巴斯帕》更是成為伊莉莎白時代最為流行的歌曲之一。

李利創作這一系列較高級喜劇的意圖，就是要激起觀眾內在的真正快樂，讓他們能有溫和的笑聲，而不是外在的輕鬆和放肆的大笑。因此，他的喜劇基本都是在宮廷演出，觀眾也都是上層社會的貴族等。

另外，李利還最早用散文來代替詩歌對喜劇語言進行了改革。在他之前，喜劇都是用詩體來寫就的，所以自古希臘起，喜劇都被稱為「戲劇詩」。

李利的喜劇是用散文寫就的，觀眾看完他的喜劇後才發現：原來散文比詩歌更能很好地表達喜劇特有的輕鬆幽默的情感和敏銳聰慧的思想。

李利的喜劇成為莎士比亞後來進行喜劇創作的楷模，同時李利在創作喜劇時所用的輕鬆流暢的筆調對莎士比亞也產生了非常重要的影響。

在「大學才子」派當中，湯瑪斯 · 吉德（一五五八～一五九四）是唯一一位沒有受過大學教育的人，但曾在倫敦最有名的麥錢特 · 泰勒學校就讀，這讓他在拉丁文和其他學問方面都受到了非常不錯的教育，使他能夠在戲劇創作方面可以與那些受過大學教育的人齊名。

吉德的主要戲劇作品是《西班牙悲劇》，是伊莉莎白時代第一部反映兇殺和復仇的悲劇作品。從此之後，劇壇上便湧現出大量的復仇劇，莎士比亞後來創作的悲劇《哈姆雷特》就深受其影響。

總而言之，這些「大學才子」們所取得的成就不僅照亮了他們所在的那個時代，對莎士比亞的戲劇創作也產生了深遠的影響，為一顆巨星日後的誕生奠定了良好的基礎，從而也預示了威廉 · 莎士比亞日後的崛起和輝煌。

(三)

莎士比亞早期的劇作並不出色，但他對左右觀眾情緒的技巧卻把握得相當穩妥。以他當時二十八九歲的年紀，自然還沒有深厚的功力寫出《哈姆雷特》這樣精彩的劇本，而觀眾也沒有相應的心理能力來接受它。因此，莎士比亞一直都是透過創作而學習，與觀眾一同成長。

莎士比亞初期創作的作品顯得稚嫩而拙劣，觀眾的反應也很平淡。但重要的也正在於此——他一直都在關注著觀眾的反應，並一直以觀眾的反應作為自己創作的基準。

天才的人並非都是一舉成名，相反，他們都會經歷一個比較艱難的起步過程。莎士比亞也是如此。但他很有心計，在劇院打雜期間，他就經常悄悄觀察演員在舞台上的表演。當演員不足或需要臨時演員時，他也會在舞台上扮演一些配角。漸漸的，他的演技不斷提高，不久便被劇團吸引為正式演員。

雖然演出忙碌，但莎士比亞還是經常抽時間看書、寫詩，並協助別人改編劇本。因為劇院需要不斷更新劇碼，這就需要有人提供劇本。為了提高上座率，好的劇本不僅價格昂貴，有時還可能供不應求，這種情況給莎士比亞提供了創作劇本的機會。

雨果曾對莎士比亞的出現這樣說過：

「莎士比亞是個天才，上帝故意沒有緊緊對他加以羈絆，讓他得以勇往直前，並在無垠之中自由地展翅翱翔。每隔一個時候，世界就會產生一個這樣的天才。」

揭幕
——To be or not to be；that's 莎士比亞

一五八九年前後，莎士比亞可能參與編寫了兩部歷史劇，一部是《戰爭讓大家成為朋友》，是手抄本，但沒有署名，現存於不列顛圖書館，劇本寫的是十一世紀初有關爭奪英國王位的鬥爭故事；另一部歷史劇是《愛德華三世》，可能於一五九六年或一五九九年出版，不過也沒有署名。

一五八九年，莎士比亞創作了第一部明確作者是他的劇作——《錯中錯》。這部戲劇是根據羅馬喜劇學家普勞圖斯的《孿生兄弟》改編的，莎士比亞將劇中原來的兩個孿生兄弟又加上了一對，讓情節更為複雜。

這部喜劇完全是靠誤會法演繹出來的，主角大小安提福勒斯和他們的僕人大小德洛米奧是兩對孿生兄弟。當四個人在街頭不期而遇時，這四個人及與他們有關的人總是把主人或僕人弄錯，結果演繹出一齣誤會百出、令人捧腹的鬧劇。

比如，小德洛米奧奉主婦之命出門尋找主人小安提福勒斯時，在街上遇到了大安提福勒斯，兩人產生了誤會，於是大安提福勒斯將他當成自己的僕人大德洛米奧痛打了一頓。

小安提福勒斯向金匠訂製了一條項鍊，結果金匠將項鍊誤交給大安提福勒斯，回頭卻向小安提福勒斯要錢。小安提福勒斯沒有拿到項鍊，當然不會給金匠錢，於是金匠將他送進了監獄。

小安提福勒斯錯將大德洛米奧當成自己的僕人，讓他回家取錢為自己擔保，大德洛米奧卻誤將錢交給了大安提福勒斯。大安提福勒斯被小安提福勒斯的妻子誤當成自己的丈夫留在家裡，自己的真正丈夫小安提福勒斯卻被關在門外……

第五章 站在「大學才子」的肩膀上

（三）

這部喜劇是莎士比亞所有戲劇作品中最短的一部。戲劇雖然有他自己創作的部分，但模仿痕跡依然很濃。不過，這畢竟是莎士比亞最初的嘗試，也是他從事戲劇創作的真正開始。

此後，每年莎士比亞都至少為劇團寫兩部戲劇。這些戲劇也開始涉及到人類更為廣泛的領域，直到他將整個世界的各種現象都搬到倫敦的舞台之上，用他所謂的「一整隻手，或者至少一隻大拇指」創作出了兩百二十多齣戲劇。

揭幕

——To be or not to be；that's 莎士比亞

第六章　第一個「四部曲」

時間會刺破青春表面的彩飾，會在美人的額上掘出深溝淺槽，會吃掉稀世之珍、天生麗質，什麼都逃不過它那橫掃的鐮刀。

——莎士比亞

揭幕
——To be or not to be；that's 莎士比亞

(一)

莎士比亞早期最成功、最轟動的劇作，據記載應該是有關「薔薇戰爭」的三個連續的劇本——《亨利六世》上、中、下三部曲。這部戲劇主要表現的是兩支王族蘭開斯特家族和約克家族之間長達數十年的流血鬥爭。三部劇以此為中心，構成了一個有機的整體，同時又各有側重。

那時十分流行有關英國歷史的劇作，觀眾未能在學校裡讀過歷史，自然十分急於知道自己的先王、先后們的事蹟。而當時，英國軍隊又剛剛擊敗了強大的西班牙艦隊，這也激起了劇作家們對都鐸王朝的敬仰之情。

他們覺得，英國人的民族自尊心和獲勝的信心需要一種大眾的藝術來加以體現，而且戰勝強敵的英雄主義氣概也需要以藝術的方式來進行宣揚和讚頌。而戲劇，可以說是最好的一種表現形式。在表現這個主題方面，它不再是供人們消磨時光的娛樂商品，而是成為一種反映時代生活的有效載體。

其實莎士比亞對「薔薇戰爭」的有關歷史了解得也不多，只有幾本不錯的史書供他參考，其中最合時宜的就是一部由拉斐爾 · 赫里修德根據標準資料編撰《編年史》。這部史書分英格蘭、愛爾蘭和蘇格蘭三個部分，出版後成為標準的英國史，同時也成為莎士比亞創作歷史劇的主要依據。

《亨利六世》的上篇表現的是老國王亨利五世屍骨未寒，亨利六世年幼，大權旁落到皇叔格羅斯特公爵手中。而王室的死對頭溫徹斯特主教又在朝中處處與小皇帝作對，小皇帝不得不軟語忍耐。

同時，覬覦王位的兩大家族——蘭開斯特和約克家族也正在為王權的歸屬問題爭論不休，因為當年亨利四世廢了他年幼的侄子查理二世，自己登上王位，建立蘭開斯特王朝，他的兒子亨利五世繼承了父位。但亨利五世駕崩後，由他年幼的兒子亨利六世即位，不能親自理政，因此理查二世的後代約克家族的理查 · 約克便準備奪取王位的繼承權。

關於王權的歸屬問題最終形成兩個派別：一派以薩默塞特公爵為代表，擁護蘭開斯特王朝。他提議，凡是與他意見一致的，就在花園中摘一朵紅色的玫瑰作為標誌；另一派的代表是理查 · 約克，他也提議，凡是支持他的，就佩戴一朵代表憤怒的白色玫瑰。

後來，兩個派別的爭鬥發展成為一場內戰，這就是著名的戰爭「玫瑰戰爭」的來歷。

就在國內各派別之間爭權奪勢之時，法國卻趁英國內亂之機奪取失地。英國英勇的將軍塔爾博雖然英勇善戰，但在奧爾良遭遇了法國的牧羊女貞德。她帶領法國的王子查理和其他大臣說服了塔爾博手下大將、法國籍的將領勃良第公爵倒向法國；與此同時，由於國內矛盾激烈，援助塔爾博的援軍始終按兵不動，致使塔爾博陷入法軍包圍之中。在與法軍決戰的沙場上，塔爾博與兒子一起英勇為國捐軀了。

英國掌權人對法國採取退讓措施，讓此時已長大的亨利六世與法國公爵侄女瑪格麗特結婚，以達到英法兩國和解的目的。為此，英國還喪失了大片的土地。

在這部劇作中，莎士比亞將自己的愛國熱情傾注在他所塑造的英雄塔爾博身上。在舞台上，這個富於愛國主義激情的形象也受到了觀眾的熱烈歡迎和衷心敬仰。

但同時，莎士比亞卻將法國女英雄聖女貞德的角色醜化了，將她塑造成一個女巫，最後巫術消失，讓她被無情的大火燒死。

不過，我們不能因此而責怪莎士比亞對歷史人物的扭曲改造，除了英國的立場，還因為這只是一部戲劇而已，與歷史事實不是一回事。

（二）

在《亨利六世》的中篇，莎士比亞主要寫了宮廷內部的明爭暗鬥和歷史上著名的凱特農民起義。

戲劇的前半部分中，薩福克公爵撮合了亨利六世和法國郡主瑪格麗特的婚姻。與很多王室婚姻一樣，這樁婚姻的實質也是一次政治交易，而且是一次對英國很不公平的交易。法國郡主不僅沒有帶來任何嫁妝，還讓英國賠上了兩塊領土給郡主的父親。

王后和薩福克公爵互相勾結，還有薩默塞特等人，結成了「紅玫瑰黨」陣營，與格羅斯特公爵亨弗雷及約克結成的「白玫瑰黨」展開了一場邪惡與正義的宮廷鬥爭。而居心叵測的約克為了奪取王位，竟然趁平民凱特起義之機糾集軍隊進入倫敦。

在後半部分，主要寫了平民凱特的起義。這是英國歷史上一次非常著名的平民起義，參加起義的大多是農民和手工業者，還包括少數對政府不滿的中產階級。

莎士比亞一方面表現了此次農民起義的合理性，起義源於貴族和王室對平民的殘酷壓迫，「他們動不動就把窮人們召喚到他們面前，把一些窮人們無法回答的事情當作他們的罪過，還把窮人關進牢裡，甚至把他們吊死」。

而另一方面，莎士比亞也暴露了平民起義的盲目性和動搖性。作為一個人文主義者，莎士比亞是不贊成透過這種暴力手段來消除社會黑暗的行為，他寄希望於開明君主的統治。而且，這次平民起義也缺乏明確的政治鬥爭目標，結果成了貴族集團互相鬥爭的工具。站在倫敦市民的立場上，莎士比亞比較客觀的再現了這一著名的歷史事件。

《亨利六世》下篇描寫的是一場爭奪王位的血腥大戰。為了爭奪王位，「紅白玫瑰」之間的戰爭已經到了白熱化的程度，以約克公爵、他的兒子及大將蒙特鳩等為「白玫瑰黨」一方的約克家族，與以國王亨利六世、王后、薩福克等為「紅玫瑰黨」的蘭開斯特家族之間展開了一場驚心動魄的屠殺。莎士比亞藉亨利六世之口，對這個手足相殘、父子相屠的慘劇發出了吶喊：

唉！多麼殘酷的時代，獅子們爭奪巢穴，卻叫無辜的羔羊在牠們的爪牙下遭殃！在內戰的戰火中，一切都將毀滅！叫一朵玫瑰枯萎，讓另一朵盛開吧！倘若你們再鬥爭下去，千千萬萬的人都要活不成了。

這種吶喊表明了莎士比亞反對內戰的態度，同時也道出了人民要求國家安定和平的呼聲。透過這齣戲，莎士比亞提醒當時的王公貴族們：內戰禍害無窮！

整個《亨利六世》以約克家族的勝利、約克公爵的長子愛德華登基，稱愛德華四世而宣布結束。

然而，這個勝利也是用十分慘重的代價換來的：約克公爵帶軍占領議會，逼亨利六世答應在他死後讓位於約克家族；不甘心失敗的王后瑪格麗特糾集「紅玫瑰黨」發起反擊，捉住了約克公爵的幼子路特蘭，並將其殺害。接著，「白玫瑰黨」首領理查 · 約克本人也戰敗被俘，並被瑪格麗特王后殺害。而蘭開斯特家族在這場爭鬥中也被趕盡殺絕，最後只剩下一個發了瘋的王后，被放逐到她的娘家法國。

可是，以鮮血的代價獲取了王權的約克家族並未能讓英國進入一個真正和平安定的時期。這個家族內部再一次續演了一出爭奪王位的流血悲劇，又將全國推入一片恐怖和戰亂之中。

揭幕
——To be or not to be；that's 莎士比亞

(三)

《亨利六世》創作完成後，莎士比亞緊接著又創作了《理查三世》，這部劇在時間和劇情上都與《亨利六世》的下篇緊密連接在一起。劇本主要描寫了愛德華四世的弟弟理查在爭奪愛德華四世的王位時所採取的各種陰謀狡詐的手段。在這部戲劇中，莎士比亞第一次以一個人物為中心來組織情節。

在《亨利六世》中，莎士比亞已提前為理查塑造了一個完整的形象：外貌醜陋，體態畸形，一隻胳膊萎縮得像枯樹枝，脊背高高隆起；兩條腿一長一短，身上沒有一部分是長得協調的。也許正因為如此，才形成了他那強悍殘忍的性格。在戰場上，他是個戰無不勝的赳赳武夫。在約克家族尚未取得勝利前，他就已經顯露出了他的野心：

我對於遙遠的王冠抱著熱望，我痛恨我面前的重要障礙，我立志要將這些障礙掃除。在我的一生當中，直到我把那燦爛的王冠戴到我這醜陋的軀體上端的頭顱上以前，我把這個世界看得如同地獄一般。

在這部戲劇當中，莎士比亞將理查三世塑造成一個封建暴君的形象，簡直可恥到無以復加的地步。在創作過程中，莎士比亞運用了多種手法來塑造這個人物，對他出生時的描寫就運用了極度誇張的手法。

劇中寫到，理查三世出生時，「夜鳥悲鳴，惡狗嗥叫，狂飆吹折樹木」，他「一生下時就兩腿先著地，滿嘴生牙」……

頓時，一個未來混世魔王的形象躍然紙上。

同時，莎士比亞還透過大量的內心獨白，揭示了理查三世內心的醜陋和險惡。他狡詐、虛偽，他口蜜腹劍、兩面三刀的手段，也令他成為一個天才的惡人。他對自己有著清醒的認識，他的一段精彩的「自畫像」式的獨白是這樣說的：

我有本領裝出笑容，一面笑著，一面動手殺人；我對使我痛心的事情，口裡卻連說「滿意滿意」；我能用虛偽的眼淚沾濡我的面頰，我在任何不同的場合都能扮出一副虛假的嘴臉。我比蜥蜴更會變色，我比普羅透斯更會變形，連那殺人不眨眼的陰謀家也要向我學習。我有這樣的本領，難道一頂王冠還弄不到手嗎？

即使這樣一個狡猾的人物，最終也因罪惡累累、民心所背而被前來討伐的里奇蒙伯爵打敗。至此，英國歷史上最為動盪的時期才算結束，英國開始進入一個新的王朝——都鐸王朝統治時期。

莎士比亞的第一個歷史劇「四部曲」就這樣成功對英國歷史上多災多難的蘭開斯特王朝進行了全景式的展現，在思想和藝術上取得了一定的成功，為他以後的藝術創作打下了良好的基礎。

《亨利六世》的三部戲雖然是一個具有遠大志向的青年人的青澀之作，裡面具有許多不足之處，但它的上演仍然令當時的觀眾震驚不已。

以前玫瑰劇場的劇碼演出時上座率並不高，直到一五九二年二月二十六日上演了馬羅的一齣戲劇《馬爾他島的猶太人》後，才逐漸扭轉了這種狀況，老闆亨斯洛在他的帳本上的記載顯示這部戲讓他收入頗豐。

但令他興奮的還在後面。一五九二年三月三日，劇場上演了莎士比亞編寫的歷史劇《亨利六世》和《查理三世》，結果觀眾好評如潮，接連幾天都盛演不衰，創下了這個劇團演出票房的最高紀錄。

由於本身就是演員，熟悉觀眾看戲的心理，因此莎士比亞的這兩部戲掌握了觀眾的「期待視野」這一文學接受規律，不僅成功塑造了博爾特的英雄形象，同時也成功塑造了查理三世這個充滿邪惡的人物，使之能夠深深吸引住觀眾，散發出巨大而獨特的藝術魅力。

評價莎士比亞歷史劇的權威人物迪利亞德曾將《亨利六世》三部曲和《查理三世》稱為莎士比亞歷史劇的「第一個四部曲」。因為這四個劇本不論是創作實踐，還是劇情發展，都是緊密連接的，它們共同以戲劇的形式完整再現了英國的近代歷史。

第七章　步入詩歌領域

一個驕傲的人，結果總是在驕傲裡毀滅自己。

——莎士比亞

揭幕
——To be or not to be；that's 莎士比亞

(一)

在《亨利六世》和《查理三世》獲得巨大成功的這一階段，莎士比亞還創作出另一部比較成功的劇作，名為《泰特斯 · 安德洛尼克斯》。這是一出血腥味更為濃烈的復仇悲劇，表現的是一段虛構的插曲，以說明羅馬帝國衰亡時的情形。

莎士比亞在這部戲中描寫了很多令人不快的情節，引用了許多歷史典故，這與莎士比亞的其他作品有較大出入。但這部劇中有震撼力的恰恰就是那些令人不快的場面，其中的一些對白不但具有藝術力量，甚至達到了優美的程度。這也是莎士比亞的戲劇創作從初期逐漸走向成熟的標誌。

不過，莎士比亞可能覺得血腥、屠殺的場面過於沉重了，給自己和觀眾都造成了較大的心理壓力，也許應該給觀眾換換口味，因此，他接下來創作了一出輕鬆幽默的滑稽喜劇《馴悍記》。

對這一題材的選擇，可能是莎士比亞小時候在家鄉看到或聽到的關於對悍婦別具一格的懲治。斯特拉福鎮的市政委員會對當地的悍婦馴服有著不可推卸的責任，他們要將悍婦泡在亞芬河中，以便可以消消她沖天的火氣。這樣的事可能給莎士比亞留下了較深刻的印象，因此他想用戲劇的方式來表現這一輕鬆幽默的主題。

《馴悍記》採用了「以其人之道還治其人之身」的方式，寫了一個具有冒險精神的男子彼特魯喬馴服潑辣女凱瑟麗娜的幽默故事。

在故事的開頭，彼特魯喬從海上漫遊到帕杜亞，準備物色一個年輕貌美而富有的女子為妻。正好在帕杜亞有這樣一位女子，她的父親也正急於把她嫁出去，於是發出告示，讓年輕的男子來求婚。可是，一些男子都被脾氣暴躁的凱瑟麗娜貶得一文不值，倉皇離開了，誰也不敢娶她。

不過，這名女子的壞脾氣不但沒有嚇走彼特魯喬，反而還激起了他勇敢好鬥的個性，他決定與凱瑟麗娜較量一番。

於是，彼特魯喬勇敢地前來徵婚。而凱瑟麗娜認為彼特魯喬和其他的求婚者一樣，是個枯燥無味又沒本事的傢伙，一見面就給了彼特魯喬一個響亮的耳光。

然而，彼特魯喬不但沒生氣，反而還用親昵與愛憐的嘲諷口吻與凱瑟麗娜說話，對她的粗魯報以快活的嘲笑，還稱她溫柔可愛。他一反以往求婚者那種獻媚、膽怯，而是用嘲諷來惹惱凱瑟麗娜，讓凱瑟麗娜無可奈何。雖然她還很嘴硬，但心裡已經服軟了。

所以，當父親和彼特魯喬商量他們兩人的婚事時，凱瑟麗娜一點都沒有反對。不過，彼特魯喬並沒有因為獲得凱瑟麗娜的認可就放棄對她的懲治。

婚禮結束後，兩個人一起回家，彼特魯喬故意讓凱瑟麗娜冒雨連夜趕路，到家後也不讓她取暖、沐浴、吃飯，而是直接命令又冷又餓的凱瑟麗娜上床睡覺。

當凱瑟麗娜做好飯後，他又挑剔地說她做的飯菜太難吃，懲罰她不許吃飯；凱瑟麗娜穿上漂亮的衣服，彼特魯喬諷刺她穿上這樣的衣服簡直難看極了。

漸漸地，凱瑟麗娜終於明白，彼特魯喬是用自己反常的言行來給自己做一面精子，讓她看到自己的言行是多麼無禮可笑。從此，她再也不撒潑了。

這部輕鬆幽默的滑稽喜劇上演後，馬上就贏得了觀眾們的喜愛，也給劇院創造了可觀的收入。

在不斷嘗試各種創作的期間，莎士比亞又嘗試了另一種寫作方式。早在十多年前，文學泰斗約翰 · 李利就寫過一部非常出色的小說，名為《尤菲斯》。書剛一出版，一些作家便競相效仿。在這部小說中，李利運用了誇張的文體和華麗的辭藻，其誇飾的特色也成為當時作家模仿的對象。在這種風氣的影響下，莎士比亞也創作了一部戲劇——《空愛一場》。

在這部戲劇中，莎士比亞證明了自己在寫作方面的無所不能，而且表現十分優異。這部作品風格適度而活潑，一如「蓋里要得」（流行於十六七世紀的一種輕鬆活潑的雙人舞）的舞蹈，無意中讓人以嚴肅的眼光來估量它。從這時起，莎士比亞才算正式走入文學多角隅的大殿堂，開始窺知維繫觀眾笑浪不斷的竅門。莎士比亞玩著文字遊戲，愉快模仿著當時的各種文學時尚，從「尤菲斯文體」至十四行詩，不一而足。

在劇中，莎士比亞還描述了一群熱心逗趣的業餘演員，他們費盡心神上演一齣戲，惹得那些貴族觀眾不斷對他們輕嘲笑譫。

莎士比亞筆下活潑、喜歡調侃與嘲弄的青年貴族，以及快活、機智的貴族少女，首次出現戲劇當中。雖然這些與他日後所寫的戲劇比起來顯得較為老套，但他們不停地以文藝復興時期的觀點來討論愛的主題，同時又體現出了生命的活躍氣息。

《空愛一場》是一部倫敦人的戲，是為那些懂得戲謔文辭的人所寫的。之所以能夠寫出這部戲，完全因為作者莎士比亞善於觀察、傾聽生活，並能將其融入到城市貴族的圈子當中。它雖然是一出城市戲，但卻很少有倫敦人敢用兩首鄉村歌曲來終結全劇，尤其是最後的《冬之歌》，更是描繪出了寒冬裡真正的鄉村景致。

(二)

大約 1591 年左右，莎士比亞結識了桑普頓伯爵。當時，許多詩人和人文主義學者都聚集在年輕的桑普頓伯爵家中，因為桑普頓喜愛戲劇，莎士比亞的演技和創作才華也獲得了桑普頓伯爵的賞識。

在伯爵家中，莎士比亞有幸結識了很多在文學和藝術方面都很有造詣的才華出眾的人物，如伯爵的老師、義大利人約翰 · 弗洛里奧，他將但丁和彼特拉克的語言教給了天資聰穎的莎士比亞，讓莎士比亞在後來的戲劇和詩歌創作中，不僅體現出質樸的民間特色，還蘊含有貴族們所喜愛的華麗色彩。

此後，莎士比亞便成為桑普頓伯爵家中的常客，經常在那裡與一些詩人或作家等討論文學知識，但更多的是談論戲劇。這種經歷非常有利於推動莎士比亞的戲劇創作。

莎士比亞剛來倫敦時，正趕上英國與西班牙交戰，最終英國獲勝。然而經歷了戰爭的驚擾和勝利的狂歡之後，接踵而來的卻是鯨吞生靈的大瘟疫。

一五九二年夏，被人們稱為「黑死病」的鼠疫開始在倫敦蔓延，並一直持續了近一年的時間。短短一年的時間，倫敦大約有一點五萬人喪生。在疫情高峰時，每週死亡人數都達上千人。

為了防止疫情的傳播，倫敦市政當局下令禁止民眾集會，劇院自然也遭到了關閉的命運，甚至整整關閉了九個月。

此次瘟疫災難一直持續到一五九三年下半年才漸漸銷聲匿跡，而倫敦的劇院也直到一五九三年年底才解除禁令。

第七章 步入詩歌領域

(二)

在這段劇院生意蕭條的時期，不少演員只能到鄉間去流浪演出，但莎士比亞並未離開倫敦。由於暫時不必為劇院寫戲劇，他就開始嘗試進入一個新的領域——詩歌，這也是他早年的一個夢想。

這時莎士比亞的手裡有了一些積蓄，足以維持他的日常生活。雖然瘟疫隨時會來到他身邊，甚至奪走他的生命，但他並沒有放下筆，而是要與瘟疫競爭，實現自己詩歌創作的夢想。

當時，十四行詩、義大利優美的音樂和華麗的服飾被認為是文藝復興時期新文化的表現，莎士比亞的詩歌創作自然也受到這種風氣的影響。那時，上流社會非常流行寫敘事詩和愛情十四行詩，幾位著名詩人所創作的作品也已在上流社會傳誦，如斯賓塞的《仙后》、西德尼的《阿斯特洛菲爾和斯黛拉》等。

此時已能夠進入上流社會聚會的莎士比亞自然也受到這些詩歌的影響和薰陶，因為當時戲劇在人們心中的地位還不算高，而詩歌才占有崇高的地位。莎士比亞嘗試寫詩歌，一是想實現自己的夢想，二是想借詩歌獻給他的庇護人桑普頓伯爵，以表達對伯爵的感激之情。

這期間，莎士比亞創作的詩歌主要包括兩首敘事長詩《維納斯與阿都尼》和《魯克麗絲受辱記》，以及一部《十四行詩集》。可以說，如果莎士比亞沒有創作戲劇，作為一個詩人，他同樣能取得輝煌的成績，在世界文學史上留下盛名。

(三)

《維納斯與阿都尼》大約寫於一五九二年，並於一五九三年出版，它首次為莎士比亞在文壇上贏得了聲名。

這部長詩的題材取自於羅馬詩人奧維德的作品《變形記》。在這首長詩中，莎士比亞再現了文藝復興時期人們對愛情與個性解放的追求精神。從詩的第一行開始，詩人就將讀者引入到事件的中心：

愛和美的女神維納斯對人間的美少年阿都尼一見鍾情。她熱情似火，不顧一切地向阿都尼求愛、調情。儘管她變著花樣來引起阿都尼的愛戀，但阿都尼卻表現得冷若冰霜，對女神的愛情置之不理。他甚至蔑視維納斯的這種單純的肉欲之愛：

我對於愛並不是一律厭棄，
我恨的是：
你那種不論生熟、人盡可夫的歪道理。
你說這是為生息繁育，這真是謬論怪議。
這是給淫行拉纖撮合，卻用理由來文飾。

阿都尼將真正的愛情視作聖潔的感情，認為維納斯的愛不是「愛」，是「欲」。他嚴肅的對維納斯說道：

這不是「愛」，因為自從世上的淫奔不才，硬把「愛」的名義篡奪，「愛」已向天上逃開。

「欲」就假「愛」的純樸形態，把「青春之美」害，使它的純潔貞正，蒙了惡名，遭到指摘。

「愛」使人安樂舒暢，就好像雨後的太陽；「欲」的後果，卻像豔陽天變得雨驟風狂。

「愛」永不使人厭，「欲」卻像饕餮，飽脹而死亡。

「愛」永遠像真理昭彰，「欲」卻永遠騙人說謊。

在給維納斯講完這一通「愛與欲」的道理之後，阿都尼掙脫維納斯的懷抱，揚長而去，令女神哀婉不已。

最後，阿都尼因為沒聽維納斯的勸告，在一次打獵中被野豬咬死了。維納斯悲痛欲絕，對愛情心灰意冷，帶著從阿都尼血泊中誕生的一朵名叫白頭翁的紅白相間的花，飛離了這痛苦的人間，回到賽普勒斯島的神廟去過神仙的隱居生活了。

這一次愛情經歷也讓維納斯認識到了愛與欲。從此，維納斯的形象變得神聖而純潔。

《維納斯與阿都尼》這部詩如果是紳士之作可能根本就不會出版，因為上流人士的作品只以手抄的方式流傳，不會在書攤上售賣。但莎士比亞不一樣，他急於要出書，最後他選中了自己的同鄉兼好友理查 · 菲爾德替他出版。理查 · 菲爾德住在布萊克福賴爾，擁有自己的印刷所，是倫敦獲准營業的二十二家主要印刷業者之一。

理查 · 菲爾德不僅將莎士比亞的詩印刷出來，還成為莎士比亞的出版人。一五九三年四月十八日，他與「倫敦書商、文具商、出版商公會」共同發表聲明，稱自己是「《維納斯與阿都尼》一書的擁有人」。該書還領有惠特吉福特天主教及公會理事之一所發出的執照。同時，理查 · 菲爾德還將這項資料登錄在《出版家名冊》中，這也就相當於現在「版權所有」的通告了。

當然，出版商也付給了莎士比亞一筆稿費。據估計，莎士比亞大約從菲爾德那裡拿到兩磅的稿費。雖然很低，但已經很公道了，因為他當時還是個無名小卒呢！

出版後的《維納斯與阿都尼》獲得了很大的成功，在莎士比亞有生之年就印行過十版。這本漂亮的小冊子讓人們讀了又讀，最後甚至都脫頁了。另外，在此後的許多文選中也大量地引述了它。

當時的出版物都很流行作者將自己的作品獻給一位元聲名顯赫的貴族，比如斯賓塞就曾將他的得意之作《仙后》獻給伊莉莎白女王。莎士比亞也不例外，在這部詩集出版後，他將其獻給了自己的庇護人桑普頓伯爵，以感謝伯爵對自己的照顧和欣賞。

在《維納斯與阿都尼》的卷首，莎士比亞還寫了這樣的獻詞：

獻於桑普頓伯爵兼蒂奇菲爾男爵亨利 · 里茲利閣下：

我將我粗陋的詩篇獻給閣下，不知是否會冒犯您，也不知世人會如何責備我竟會選擇這樣堅硬的柱石來支持如此纖弱的東西。然而，只要閣下稍微快意，我就自以為受到了高度的誇獎，並誓將利用有生之暇日，竭盡自己微薄之力，創作出不負閣下喜歡的作品。但倘或我創作的這篇初次問世之作不堪入目，那我將從此不再耕種這貧瘠之地，以免再有這樣惡劣的收成。

請閣下雅覽，並請閣下明鑑。

祝閣下萬事如意，並滿足世人對閣下的期望。

您的僕人：威廉 · 莎士比亞

莎士比亞之所以寫出這樣辭藻華麗、謙恭委婉的獻詞，並非是對他的庇護人的阿諛奉承，而是當時的社會風氣本來如此。既然詩歌占據著崇高的地位，那麼題獻者的地位越高，作品的價值也就越大。而這種獻詞必須過高地誇耀題現者，且作者的態度要十分謙卑，這樣才能顯出作者的誠心。這屬於當時的一種禮節。莎士比亞遵照當時的這種禮節題獻詞，並不是卑躬屈膝。

(四)

《維納斯與阿都尼》獲得成功後，莎士比亞與桑普頓伯爵的關係更加密切，而且莎士比亞還從伯爵那裡獲得了豐厚的獎賞。一年後，莎士比亞為回報伯爵，又寫出了第二首長篇敘事詩《魯克麗絲受辱記》。

《魯克麗絲受辱記》的題材來源於奧維德的《羅馬歲時記》等作品，講述的是古羅馬的一個故事。在詩的開頭，作者交代了事件發生的原因：

魯克麗絲是古羅馬將領柯拉廷的妻子，美麗、貞淑。羅馬王子塔昆被魯克麗絲的美貌和德行所吸引，趁柯拉廷在外作戰之機來到柯拉廷的城堡，憑藉王子的身份受到魯克麗絲的熱情接待，並在堡中留宿。

當夜，塔昆潛入魯克麗絲的臥室，用暴力玷汙了她。魯克麗絲傷心欲絕，派人請回她的丈夫和父親，揭露了塔昆的惡行，要求他們立誓為她報仇，然後憤然自殺。

這一罪行被揭露出來後，激起了羅馬民眾的公憤，塔昆家族被逐出羅馬，國政也歸執政官執掌。

莎士比亞透過這首詩間接地表達了男女之間的情欲和道德的關係，那就是：情欲必須遵守一定的道德準則，否則就會導致不幸和災難，害人害己。

同時，魯克麗絲的自殺也向人們昭示了女性應不惜犧牲自己的生命來捍衛自己的貞潔，這實際上是在捍衛做女人的尊嚴。魯克麗絲用死亡挽回了自己的聲譽，懲處了惡人，同時也為國家清除了一大昏君，所以，許多批評家都將她的行為看成是智慧和英勇的英雄行為。

《魯克麗絲受辱記》出版後，同樣得到一片讚揚之聲，再一次顯示出莎士比亞駕馭詩歌這一體裁的非凡才能。為此，莎士比亞也被譽為伊莉莎白時代最優秀的詩人之一，這個稱謂是當之無愧的。

同行們對莎士比亞的才華也給予了肯定和讚譽。一五九七年，當時的諷刺詩人湯瑪斯 · 維威寫了題詩《給威廉 · 莎士比亞》，讚揚他的詩歌語言優美，尤其是他塑造的維納斯和阿都尼、魯克麗絲和塔昆，形象鮮明、生動，想像力十分豐富。

劍橋大學的學者加波利艾爾哈威還指出莎士比亞的《維納斯與阿都尼》和《魯克麗絲受辱記》兩首詩適合了不同受眾的需求：

「青年們迷戀《維納斯與阿都尼》，富有理智的人則選擇《魯克麗絲受辱記》。」

一五九八年，抒情詩人理查 · 巴恩菲爾德也高度評價了莎士比亞和他所創作的這兩首詩，肯定了它們的文學價值。他給這兩部作品的評價是：

莎士比亞，你那流著甜蜜的詩行，
取悅了世人，使你得到讚美；
你的維納斯與魯克麗絲，
甜美而貞潔，
你的美名已經寫在不朽的書上，
你的聲譽將永遠常在：
汝身雖敗，汝名不朽。

這一次理查 · 菲爾德沒有出版《魯克麗絲受辱記》，這份榮耀被

約翰 · 哈里聖獲得了。此時這位出版商很清楚：威廉 · 莎士比亞的作品會是很有價值的商品，因此他仍然讓理查 · 菲爾德把新書印刷出來，而他自己去申請版權，並於一五九四年五月九日將《魯克麗絲受辱記》登錄在《出版家名冊》之上。

同時，約翰 · 哈里聖還想再版《維納斯與阿都尼》，因此在這年六月與理查 · 菲爾德達成協議，將《維納斯與阿都尼》的版權買了過來。

這兩首詩的成功讓莎士比亞在一五九四年春叫人既羨且妒，初出道的詩人還能再要求什麼呢？庇護人有錢、有影響力，對他甚感滿意，同時還是地方上最尊貴的人；他的出版商又是那一行業中頂尖的要人，並且對他的興趣也很濃厚。

此外，他還開始獲得評論家們同聲的讚賞，尤其「非常值得頌贊的魯克麗絲」更是如此。在人們眼中，莎士比亞已經成為一個具有一定地位的人了。

第八章　開始喜劇創作

當我們還買不起幸福的時候，我們絕不應該走得離櫥窗太近，盯著幸福出神。

——莎士比亞

揭幕
——To be or not to be；that's 莎士比亞

(一)

一五九四年春，可以說是莎士比亞寫作生涯的轉捩點。《維納斯與阿都尼》已經成功，《魯克麗絲受辱記》也正在邁向成功。然而，如果莎士比亞繼續在這條道路上行走，為伯爵和伊莉莎白時代的讀者寫詩，那麼他那善於刻畫角色的天才就可能會永遠被埋沒。

當時的確很流行這種辭藻漂亮華麗的詩，其中滿是細枝末節，就像織造精緻的緞錦，然而它們卻缺乏生命氣息。到一五九〇年代末期，這些文藝復興時期的詩作便漸趨尾聲，莎士比亞的作品也隨之銷聲匿跡。他的作品只能吸引文學界的那些宿儒們，對大眾而言，毫無意義。

一個作家之所以能夠成為大家，在於他具備一種直覺，知道如何避開可能會毀滅他的陷阱。不論莎士比亞當時是否具備這種直覺，他的天才的確需要依賴完全的寫作自由才能發揮到極致。當時，莎士比亞可能比任何人都需要有足夠的空間，能讓他在沒有任何文學規則的障礙與文學專家瑣碎的評論之下，隨心所欲進行創作嘗試。

然而，不論是桑普頓為他提供的狹窄圈子，還是任何特別的文學流派和風氣等，都不能為莎士比亞提供這樣的空間，令他獲得發展。唯一能給予他這種自由的，就是倫敦劇院的「便士觀眾」們，是尋常的倫敦百姓們。他們並不依據義大利的三一律或法國小說在意的相稱、合宜的原則來論斷，而是全憑直覺的喜好來下評語。他們也不願意將字句奉為主人，畢恭畢敬地依照最好的規則來安排，而是要將字句作為僕從，為他們帶來真實的人物和真實的情感。

第八章　開始喜劇創作

(一)

在經歷了戲劇創作初期的成功與誹謗，躲過了吞噬生命的可怕瘟疫，取得了在詩歌領域的夢想與成功後，莎士比亞的心思逐漸又回到戲劇創作上來。而且一五九四年底，倫敦的各個劇團也都緊鑼密鼓重新開張了。

首先恢復演出的是菲力浦 · 亨斯洛的玫瑰劇院。當時，在亨斯洛劇院演出的有一個是受海軍大臣庇護的「海軍大臣」劇團，這個劇團擁有當時傑出的悲劇演員愛德華 · 艾倫，他演出用的劇本都是馬羅和吉德等名人的劇作。

亨斯洛老闆非常精明，他見艾倫紅遍倫敦，就將自己的女兒嫁給他。這樣一來，玫瑰劇院與「海軍大臣」劇團等於是翁婿一家了。為了讓生意更加紅火，亨斯洛老闆還將玫瑰劇院重新裝修一番。

瘟疫過後不久，另一個劇團——「政務大臣」劇團要求租用玫瑰劇院。就在這時，在外地演出的「海軍大臣」劇團也回來了。可能是一山難容二虎，「政務大臣」劇團後來搬離了玫瑰劇院。

這一看似尋常的舉動，亨斯洛老闆當時也未加多想，但此後「政務大臣」的發展肯定讓他後悔不已。因為跟隨「政務大臣」劇團的不僅有青年悲劇演員理查 · 博比奇，還有剛剛加入該劇團的青年戲劇作家莎士比亞。從後來的發展來看，亨斯洛老闆放走的不僅是一個劇團和一個知名演員，還有一個可以讓他富得流油的劇作家。

(二)

「政務大臣」是受伊莉莎白女王的堂兄和親信亨斯頓勳爵庇護的，成立於一五九四年春。亨斯頓是樞密院的一名議員，曾在宮中任政務大臣，因此他的劇團便被稱為「政務大臣」劇團。這位宮內大臣雖然不能給他的劇團提供場地和費用，但他負責宮中的娛樂宴飲事宜，可以保護劇團免受痛恨戲劇娛樂的清教徒的迫害，還能為它提供在宮內演出的機會。

劇團剛成立不久，莎士比亞就加入進來。劇團為他提供場所，他為劇團提供劇本，還有更重要的，就是給他和博比奇、肯普等人的合作帶來了機會。

在該年度的宮廷聖誕表演中，莎士比亞曾是列名接受酬勞的三位演員之一。在此後的十六年中，莎士比亞一直都生活在這個劇團中，與團員們建立了親密的情誼。而且，他所在劇團中的每個人都能力高強且聰明機智。

伊莉莎白時代的劇團，人人榮辱與共，他們的財務情況完全依靠無私而明智的合作來維持。服裝、道具、劇本等，也都是團員們共有的。莎士比亞所在的劇團中甚至還有一個創舉，那就是共有戲院。

大家共有財產而不發生糾紛，其所依賴的不是任何法律條款，而是彼此之間的友誼和信任，每個演員都必須心甘情願地以團體福利為主，個人利益為次。在以後的十年中，其他一些劇團的股東們都費盡心思擬就許多條文，只關心自己的利益，不關心劇團的發展，結果不少劇團都在紛紛擾擾的官司中關門了。

第八章 開始喜劇創作

(二)

為了應付日常必要的開支，「政務大臣」劇團由八個股東組成，分別為威廉 · 莎士比亞、理查 · 博比奇、威廉 · 肯普、湯瑪斯 · 波普、奧古斯汀 · 菲力浦斯、喬治 · 布萊恩、理查 · 考利和約翰 · 海明。他們共同集資七百磅組建了這個劇團。

在這個劇團中，理查 · 博比奇是著名的悲劇演員，威廉 · 肯普是滑稽喜劇演員，約翰 · 海明後來成為劇團經理，並在一六二三年成為《莎士比亞全集》的兩位主編之一。

這裡也讓莎士比亞有了穩定的收入和工作場所，心情十分愉快。因此這一時期，莎士比亞也創作了幾部浪漫喜劇。

在創作了《錯中錯》和《馴悍記》之後，莎士比亞的喜劇創作逐漸走向成熟。而且隨著這兩部喜劇的成功，他也洞悉了觀眾最感興趣的故事類型，那就是男歡女愛的愛情故事。因此在隨後創作的幾部喜劇當中，「愛情」成為他創作的重要主題。

愛情雖然不是文學的唯一主題，但對於莎士比亞來說，愛情卻是他一生創作的重要主題。在中世紀，基督教禁欲主義的思想和封建觀念占有絕對的統治地位，人的許多正常欲望都無法得到釋放。教會宣稱：人生來就有所謂的「原罪」，人來到這個世界上是為了贖罪。而只有儘量禁絕一切欲望，靈魂才有可能獲得拯救，人死後靈魂才能升入天堂。

到了文藝復興時期，人文主義者徹底打破了這種思想的束縛，宣揚人是這個世界的主宰，人性也是高貴而有尊嚴的，人有權利追求幸福，享受現實生活的快樂，而愛情更是人類生活的重要組成部分。因此這一時期，愛情也被人文主義作家視為創作的重要題材。

揭幕
——To be or not to be；that's 莎士比亞

人文主義者還讚美友誼，這也是他們反對封建觀念、肯定人的權利的內容之一。與嚴格的封建等級制度相對立，人文主義者的理想是建立一種人與人之間平等和諧的關係，不論貧富貴賤，人們在精神和權利上都是平等的。作為一個人文主義文學家，莎士比亞在他的喜劇中除了歌頌愛情之外，也同樣歌頌友誼。

莎士比亞早期共創作了九部喜劇，這些喜劇的基本主題都是讚頌真摯的愛情和忠誠的友誼。這些喜劇都充滿了浪漫的情節，具有強烈的抒情氣氛，所以他的喜劇也被稱為「浪漫喜劇」或「抒情喜劇」。

(三)

《維洛那二紳士》是莎士比亞在浪漫抒情喜劇上的第一次嘗試。這部喜劇除了描寫愛情之外，還有作家所讚譽的友情。

這部作品比之前的兩部喜劇有了更大的進步，劇中鬧劇的成分明顯減少，而增加了許多未知的領域，這也為莎士比亞後來的喜劇創作奠定了基調。

劇中的「維洛那二紳士」指的是范倫丁和普羅迪斯兩個人。作者透過這一對好朋友在愛情上的經歷波折來顯示兩個人不同的態度和人格，整部喜劇都充滿了詼諧的氣氛和歡快浪漫的色彩。

戲劇一開始，是普羅迪斯送自己的好朋友范倫丁上船前往米蘭。此時的范倫丁還是不知愛情為何物的單純青年，他不願將青春時光浪費在無聊的情愛之中，認為愛情會讓他變得愚蠢，因此決定離家到米蘭去見見世面。

普羅迪斯本來想和范倫丁一起前往的，但卻被情人茱莉亞的柔情羈絆，不能離開她四處奔波。一天，普羅迪斯剛剛與茱莉亞通完熾熱的情書，父親見他整天無所事事，就吩咐他也到范倫丁供職的公爵那裡找份工作做。

這對正處於熱戀中的普羅迪斯來說，就像是「太陽的光彩剛剛照耀大地，片刻間就被遮上了一片黑沉沉的烏雲」一樣。不過，父親的命令是不能違抗的，滿懷愁緒的普羅迪斯儘管十二分不願意，也只能與茱莉亞依依惜別。

在臨走前，普羅迪斯與茱莉亞交換了愛情戒指，發誓永不變心，終身相許。然後，他收拾行囊到米蘭去找范倫丁了。

此時身在米蘭的范倫丁已經嘗到了愛情的甜蜜，因為他已經陷入情網當中，愛上了公爵的女兒西爾維婭。面對美麗的西爾維婭，范倫丁那顆高傲的心在偉大的愛情面前俯首稱臣。他說：

「愛情是一個有絕對威權的君王，我已經在他面前甘心臣服，他的懲罰使我甘之如飴，為他服役是世間最大的快樂。現在，我除了關於戀愛方面的說話以外，什麼也不要聽；單單提起愛情的名字，便可以代替我的三餐一宿。」

普羅迪斯找到范倫丁後，范倫丁在自己的好友面前用最美麗的字眼誇耀了自己的戀人西爾維婭。出於對好友的信任，他還無所顧忌地告訴普羅迪斯，西爾維婭的父親要把女兒嫁給有錢無德的休里奧，所以他決定帶著西爾維婭私奔。同時，他還把私奔的方法和時間都告訴了普羅迪斯。

見到西爾維婭後，普羅迪斯也被西爾維婭的美貌深深迷住了。他開始喜新厭舊，追求起西爾維婭來，將自己對戀人茱莉亞的愛情誓言拋之腦後。他決定用卑鄙的伎倆破壞公爵的嫁女計畫，以及范倫丁與西爾維婭私奔的美夢。

而此時，茱莉亞因為思念戀人，正遠離家鄉，女扮男裝來到米蘭尋找普羅迪斯。

背信棄義的普羅迪斯在自私心理的唆使之下，將范倫丁和西爾維婭準備私奔的事偷偷告訴公爵，結果范倫丁被公爵驅逐。

范倫丁被驅逐後，痛不欲生的西爾維婭斷然拒絕了乘虛而入、大獻殷勤的普羅迪斯。而范倫丁則四處流浪，路途中遭遇一夥強盜的攔

(三)

劫。強盜們在聽了范倫丁的不幸遭遇後，對他十分同情；又見他長得一表人才，還會說多種語言，便強留下他做了「寨主」。

茱莉亞千里迢迢來到米蘭，看到昔日與自己信誓旦旦的戀人正在西爾維婭的窗下彈琴求愛，心如刀絞。但她強忍傷痛，以一個童僕的身份留在普羅迪斯身邊。

公爵強迫西爾維婭與休里奧結婚，西爾維婭在艾格勒莫先生的幫助下從家中逃出，去尋找范倫丁。途中，西爾維婭也被劫持范倫丁的那夥強盜俘虜。

隨後，普羅迪斯和茱莉亞也趕到，范倫丁怒斥普羅迪斯的背信棄義，宣布與他斷絕友誼。普羅迪斯羞愧難當，但最後好友和昔日的戀人還是原諒了他。

前來追趕女兒的公爵也被強盜抓住，他看到女兒真心愛的是范倫丁，最終同意了女兒和范倫丁的婚事，同時還赦免了那些因一些錯誤而被放逐到這裡的強盜。

一對好友盡釋前嫌，兩對情侶終成眷屬，全劇在歡樂的氣氛中拉下帷幕。

這部喜劇是莎士比亞創作的第一部以愛情、友情和婚姻為主題的喜劇。由於它自始至終都閃耀著人文主義理想的光輝，洋溢著浪漫的詩情和幽默歡快的情趣，因此也被稱為「快樂的喜劇」和「最令人開心的喜劇」。

在寫法上，莎士比亞突破了以前《錯中錯》和《馴悍記》中表現出來的鬧劇模式，讓這部劇中的浪漫感情閃爍著青春、健康和優雅的思想，並以幽默風趣的形式表現出來。在人物形象的塑造上，也比以

揭幕
——To be or not to be；that's 莎士比亞

前的喜劇有了很大的進步。

(四)

除了《維洛那二紳士》之外，莎士比亞還創作了一部宮廷浪漫喜劇《愛的徒勞》。這部喜劇寫的是四對青年男女在作者的有意安排下未能結為伉儷的愛情故事。

故事的主角之一是那瓦國國王亨利那瓦，他在歷史上是個風流而不檢點的君主。一開始，作者寫了那瓦國王以及他的三位侍臣貝隆、郎格維和杜曼一起宣稱為創造世界奇蹟專心苦讀三年，並立下期間不近女色、拒絕一切物質享受的戒約。

然而就在這時，美貌妖嬈的法國公主率領侍女與博學多才的侍臣前來那瓦國商議國事。那瓦國王為堅持「不見女色」的誓約，堅決要求公主和她的侍臣駐紮在郊外。但公主態度強硬，迫使那瓦國王不得不違反自己的荒唐約定前來拜見公主。

結果，那瓦國王一下子就被公主的美貌迷住了。而公主的三個侍女羅瑟琳、瑪利亞和凱薩琳也分別將國王的三個侍臣迷得神魂顛倒。

在愛情的魔力下，君臣四人全然忘記了他們的誓約，爭先恐後向自己的心上人獻媚求愛。為了懲治這四個曾經崇尚禁欲、藐視愛情的君臣，公主和侍女們想出一條妙計，結果讓他們出盡洋相，將四人諷刺得體無完膚。

最後，那瓦國王君臣四人不得不甘拜下風，心悅誠服說：

「我們都是有血有肉的凡人，大海潮起潮落，青天萬古常新，陳腐的戒條不能約束少年的熱情，我們不能反抗生命的意志，我們必須推翻不合理的盟誓。」

揭幕
——To be or not to be；that's 莎士比亞

而喜歡咬文嚼字、愛作詩的貝隆還吟詠了一曲《愛情頌》：

一切沉悶的學術都局限於腦海之中，
它們因為缺少活動，
費了極大的艱苦還是毫無收穫；
可從一個女人的眼睛裡學會了戀愛，
卻不會禁閉在方寸的心田，
它會隨著全身的血液，
像思想一般迅速透過四肢，
使每一個器官發揮出雙倍的效能，
使眼睛增加一重明亮。
戀人眼中的光芒可以使猛鷹炫目；
戀人的耳朵聽得出最細微的聲音；
戀人的感覺比蝸牛的觸角還微妙靈敏；
戀人的舌頭使善於辨味的巴克科斯顯得遲鈍。
講到勇氣，愛情不是像赫剌斯一般，
永遠在樂園裡爬樹想摘金蘋果嗎？

這首頌揚愛情的詩將荒唐的禁欲、沉悶的戒規讓位於充滿激情的愛情，因此可以將它看做是一篇人文主義者針對神學禁欲主義的戰鬥檄文。

在這部戲的結尾，雖然君臣四人都變成了痴心的情郎，但公主和侍從四人期望的卻是「更為誠摯的情感」。為考驗他們的忠誠，公主和侍女們要求他們再苦等一年。那瓦國王和他的三個侍臣只能在無可奈何的嘆息中心甘情願接受愛情的煎熬，留下徒勞的愛情，這也讓這

(四)

部戲劇成為莎士比亞喜劇作品中唯一沒有以大團圓結局的一部。

《愛的徒勞》比較鮮明的提出了反對禁欲主義的觀點，提出了人的正常肉體需求和物質享樂，並以劇情的方式為之進行了理直氣壯、熱情洋溢的辯護。同時，莎士比亞還在這部喜劇中揭示了生命的意志、愛情的合理性等原則，對虛偽的禁欲主義進行了辛辣的嘲諷。因而，這部作品也是莎士比亞喜劇作品中諷刺性最強的一部。

揭幕

——To be or not to be；that's 莎士比亞

第九章 《羅密歐與茱麗葉》

倘若沒有理智，感情就會把我們弄得筋疲力盡。正是為了制止感情的荒唐，才需要理智。

——莎士比亞

揭幕
——To be or not to be；that's 莎士比亞

(一)

一五九四年，桑普頓伯爵的朋友查理斯、亨利 · 丹弗斯兄弟和其相鄰的沃爾特、亨利 · 朗傑斯兄弟之間發生了家族間的械鬥，這場械鬥一直持續到一五九五年還沒停止。可能根據這一事件，莎士比亞創作出了他早期悲劇中的傑作——《羅密歐與茱麗葉》。

羅密歐與茱麗葉之間的愛情悲劇發生在一〇九三年的義大利維洛那城，是一件真實發生的事。早期的義大利作家克爾太曾將其寫成傳奇小說，一五五四年義大利作家班傑羅又對其加工整理，令這個故事傳播開來。

傳到英國後，這個故事還在倫敦舞台上演出過，並成為當時一齣很受歡迎的戲。有一個名叫亞瑟 · 布魯克的青年詩人，在看過這齣戲後感觸頗深，遂寫下一首長篇敘事詩《羅密歐與茱麗葉的悲劇史》。這首長詩後來被一位名叫威廉 · 彭特的人收集在他的故事集中。彭特是軍械部的一名軍官，閒時喜歡搜集、翻譯一些義大利作品消遣。

這種激情澎湃的義大利式小說到十六世紀末期已經顯得有些過時了，但莎士比亞並不在乎要走在文學運動的前鋒，他不是革新派。在他的全部創作生涯中，他都是選擇那些比較舊式的故事作為自己創作的藍本。

在《羅密歐與茱麗葉》這部戲劇中，莎士比亞將一個原來流傳於義大利的悲劇傳奇改寫成為一個舉世無雙的動人故事，並在這個家喻戶曉的故事中添加了一種完全獨創的詩歌熱情，從而緩和了故事中悲劇的緊張性。

第九章《羅密歐與茱麗葉》

(一)

故事發生在義大利的維洛那城。城裡有兩大家族，一家姓蒙特鳩，一家姓凱普萊特。不知從何時起，兩家結下了仇恨。到蒙特鳩家的獨生子羅密歐和凱普萊特家的獨生女茱麗葉長大時，兩個家族之間的械鬥仍在繼續。

這時，羅密歐正愛戀著一位立誓終身不嫁的美麗姑娘羅瑟琳。出身名門的羅密歐是一位出類拔萃的青年，寫詩、唱歌、跳舞、擊劍樣樣精通，「全城都說他是個懂事的孩子，很有品行」。但是，他卻得不到愛情的回報。

這天晚上，他聽說凱普萊特家要舉行盛大的假面晚會，他所愛的姑娘羅瑟琳也要去出席。於是，他也戴上面具混進會場，想去看一看他所愛戀的姑娘。

沒想到的是，晚會上另一位美麗絕倫的少女深深吸引住了羅密歐，讓他一下子就忘記了那位高傲的羅瑟琳，愛上了這位少女。

羅密歐上前與這位少女搭話，並邀請她跳舞，向這位少女表達了自己的情意。少女也羞怯回答了他的情話。

正在這時，少女被她的奶娘叫走了。羅密歐一打聽，才知道她正是凱普萊特家的獨生女兒茱麗葉。雖然是自己仇家的女兒，可他知道，自己已深深愛上了這位少女，愛情已經抓住了他的心，讓他無法擺脫。

晚會散了後，羅密歐不想回家。他躲過表兄和朋友，翻過牆頭，跳進凱普萊特家的花園，來到茱麗葉臥室的陽台下面。

此時，茱麗葉也打聽到在舞會上與自己說話的青年就是蒙特鳩家的兒子羅密歐。她回到自己的臥室，腦海中都是羅密歐的影子，揮之不去。愛情讓茱麗葉無法入睡，她走到陽台上，獨自對著皎潔的月光說出了對羅密歐的思戀和內心的矛盾：

羅密歐啊，羅密歐！為什麼你偏偏是羅密歐呢？否認你的父親，拋棄你的姓名吧！也許你不願意這樣做，那麼只要你宣誓做我的愛人，我也不願再姓凱普萊特了。只有你的姓名才是我的仇敵；你即使不姓蒙特鳩，仍然是這樣的一個你。姓不姓蒙特鳩又有什麼關係呢？它又不是手，又不是腳，又不是手臂，又不是臉，又不是身體上任何其他的部分。

啊！換一個姓名吧！姓名本來就是沒有意義的；我們叫做玫瑰的這一種花，要是換了別的名字，它的香味還是同樣芬芳；羅密歐要是換了別的名字，他的可愛和完美也決不會有絲毫改變。

羅密歐，拋棄你的姓名吧！我願意把我整個的心靈，賠償你這一個身外的空名。

站在陽台下面的羅密歐聽到茱麗葉熱情的獨白後，激動不已。他大膽與她講起話來，向茱麗葉吐露自己的愛慕之情。

茱麗葉聽出那是羅密歐的聲音，臉上飛起了紅暈。她擔心自己這麼容易吐露出內心的愛情會不會使羅密歐覺得她輕佻？但她馬上又告訴他說，她的忠誠遠遠勝過那些故作端莊的女子。

這一對戀人互吐心聲，並交換了愛情的誓言。天快要亮時，兩個人才依依不捨分手。臨走前，茱麗葉對羅密歐說，明天她將派一個人去找他，商量結婚的時間，然後兩人偷偷舉行婚禮。

羅密歐離開茱麗葉後，馬上去找附近修道院的勞倫斯神父幫忙。他將自己和茱麗葉的愛情告訴勞倫斯神父，請求勞倫斯神父當天就為他們主持婚禮。

勞倫斯神父對羅密歐的印象一直不錯。他想，也許兩個年輕人的結合正好可以消除凱普萊特家族和蒙特鳩家族之間的世仇。因此，他爽快答應了羅密歐的請求。

第二天，兩個有情人在勞倫斯神父的主持下，在修道院裡祕密成婚了。

（二）

從修道院出來時，羅密歐在街上遇見了自己的好朋友穆西奧和老凱普萊特的侄子提伯爾特。提伯爾特是個性格火爆的年輕人，與羅密歐的朋友穆西奧發生了口角。羅密歐過來勸解，結果遭到提伯爾特的無理挑釁。

羅密歐現在已把提伯爾特看成是自己的親戚了，所以對他一再忍讓，表示願意與他講和。但穆西奧覺得羅密歐太軟弱、太丟臉了，他拔出劍來就與提伯爾特打了起來。羅密歐上前去分開他們，提伯爾特乘機一劍刺死了穆西奧。

羅密歐見朋友受傷死去，心中升起了怒火。他拔出劍來與提伯爾特交鋒，結果提伯爾特死在羅密歐的劍下。

這件事發生後，羅密歐被驅逐出境。如果回來被發現的話，就要處以死刑。這個消息傳到茱麗葉耳中，她陷入了悲喜交織的矛盾之中。她的堂哥被羅密歐殺死了，起初她怨恨羅密歐；但後來又慶幸羅密歐還活著，對羅密歐深深的愛情占據了她的心田。

現在，羅密歐要永遠被放逐出去了，她吩咐奶娘趕快去把羅密歐找來，她要與羅密歐作最後的訣別。

揭幕
——To be or not to be；that's 莎士比亞

羅密歐此時正躲在勞倫斯神父的密室裡。對於他來說，放逐比死還要可怕，因為這意味著他將再也見不到茱麗葉了。勞倫斯神父在一旁耐心勸慰著羅密歐。

晚上，羅密歐來到茱麗葉的臥室裡。這一夜本來是他們的新婚之夜，結果卻成了生離死別之夜。轉眼東方露出一線曙光，黎明已至，這對愛人不得不傷心的分手。羅密歐離開了維洛那城，到曼多亞去過他的流放生活。

羅密歐走後，茱麗葉傷心欲絕。這時，帕里斯伯爵很快就來向茱麗葉求婚。老凱普萊特很滿意這位年輕的伯爵，並命令女兒三天以後就與帕里斯伯爵結婚。

茱麗葉走投無路，就去找勞倫斯神父想辦法。勞倫斯為解救可憐的茱麗葉，給了她一小瓶可以假死四十個小時的迷藥，叫她在舉行婚禮的頭一天晚上喝下去，這樣她就會昏睡過去，像死了一樣。

當家裡的人以為茱麗葉死了時，就會按照當地的風俗把她的屍體停放在家族的墓穴裡。四十個小時後，她就會甦醒過來，那時，勞倫斯神父會派人把羅密歐叫來將她救出墓穴，帶著她一起到曼多亞去。

茱麗葉遵照勞倫斯神父的吩咐，在舉行婚禮的前一天晚上將迷藥喝了下去。第二天早晨，帕里斯來迎接新娘，看到的卻是茱麗葉的屍體。大家都沉浸在一片悲痛當中，喜慶的婚禮也變成了淒涼的葬禮。

這時，勞倫斯神父已經派人快馬加鞭去通知羅密歐了，然而送信人途中因為意外事故未能將信及時送到羅密歐手中。不久後，羅密歐就聽到了茱麗葉的死訊。

聞知茱麗葉死去，羅密歐痛不欲生，立即買了毒藥，騎馬奔回維洛那城。他要與茱麗葉長眠在一起。

半夜時分，羅密歐來到茱麗葉家族的墓穴邊，正巧在這裡遇到了帕里斯伯爵。伯爵以為他要做壞事，就與他格鬥起來，結果羅密歐又殺死了帕里斯伯爵。

羅密歐打開墓穴，目睹了愛人冰冷的屍身。他最後一次吻了茱麗葉的嘴唇，然後將毒藥一飲而盡，片刻後就倒在茱麗葉身邊死去了。

當茱麗葉醒來時，看見的卻是已經死去的羅密歐。沒有了羅密歐，她也不願意再繼續活下去，於是拿起羅密歐的匕首刺進自己的胸口，躺倒在他的身旁……

悲劇發生後，眾人紛紛向墓地奔去。勞倫斯神父向大家講述了這一對年輕人不幸的愛情故事。兩家的父母遭到如此悲痛的損失，終於醒悟過來，化解了彼此的仇恨。他們決定給這對情人鑄一座金像，讓它永遠樹立在維洛那城裡。

(三)

《羅密歐與茱麗葉》的主題是譴責封建大家族的世仇和爭鬥，反對包辦婚姻，肯定了年輕人的自由戀愛。

在這部戲劇中，雖然蒙特鳩家族和凱普萊特家族的世仇，以及封建的父母包辦婚姻的制度斷送了一對年輕人的幸福和生命，但戲劇的結局並不令人悲觀，因為兩個年輕人的死換來了兩個家族的和解。更重要的是，他們的愛情原則獲得了肯定和勝利。

這部戲劇一上演，就受到了觀眾的熱烈歡迎，此後歷演不衰。據說，有一整代的青年情侶嘴上所掛著的都是「羅密歐與茱麗葉」。

在藝術特色上，《羅密歐與茱麗葉》有兩個鮮明的特點。

第一，全劇主要情節都發生在夜裡，都是以夜色為背景的：凱普萊特家的盛大舞會是在夜晚舉行的，羅密歐與茱麗葉的定情、離別和死都是在夜裡發生的。這種夜的背景為作品增添了很好的抒情氣氛。

比如，羅密歐在花園裡看到茱麗葉站在陽台上時，天空有皎潔的月光和閃爍的星星，空氣中散發著花草的香味。羅密歐站在樹影下，靜靜看著陽台上的茱麗葉；夜色掩蓋了茱麗葉羞澀的臉龐。兩個年輕人相互傾訴著甜蜜的話語，整個情景都充滿了浪漫的抒情氣氛。

同樣，夜色的背景也渲染了作品的悲劇氣氛。尤其是最後在墓地中的一場戲，夜的背景更加襯托出一對戀人死去的悲慘。

第二，整部劇的語言都十分華麗，比喻也豐富多彩，比如經常用陽光、月亮、星星這些明亮的東西來比喻男女主角，象徵著青春、愛情、光明和幸福。尤其是羅密歐與茱麗葉在陽台定情的一場戲，更是體現出語言的華美和比喻的豐富：

羅密歐：那邊窗子裡亮起來的是什麼光？那就是東方，而茱麗葉就是太陽！快起來吧，美麗的太陽！快點趕走那妒忌的月亮，她因為她的女弟子比她美麗得多已經氣得面色慘白了！如果她的眼睛變成了天上的星星，天上的星星變成了她的眼睛，那將會怎麼樣呢？她臉上的光輝會掩蓋住星星的明亮，正如燈光在朝陽下黯然失色一樣。

茱麗葉：幸虧黑夜替我罩上了一重面幕，否則為了我剛才被你聽去的話，你一定可以看見我臉上羞愧的紅暈。我真想遵守禮法，否認已經說過的那些言語，可是，這些虛偽的禮俗，現在只好一切置之不顧了！俊秀的蒙特鳩啊，我真的太痴心了！所以，你也許會覺得我的舉動有點輕浮；可是請相信我，朋友，總有一天你會知道，我的忠心要遠遠勝過那些善於矜持做作的人！

羅密歐：姑娘，憑著這一輪皎潔的月亮，它的銀光塗染著這些果樹的樹梢，我 發誓——

茱麗葉：啊！請不要對著月亮起誓，它是變化無常的，因為每個月都會有盈虧圓缺；你要是指著它起誓，也許你的愛情就會像它一樣無常。

……

《羅密歐與茱麗葉》這部戲劇的成功，一部分是由於以上這些優美明晰的語言，還有一部分原因則是在角色的描摹刻畫上取勝。在英國舞台上，還不曾出現過像莎士比亞這樣才氣縱橫的人，能夠塑造出如此栩栩如生的人物。

在詩歌表現的悲劇方面，莎士比亞唯一的英國前輩就是馬羅。這部悲劇作品中所表現出來的某些修辭上的婉轉曲折和許多韻文使用上的靈敏，顯然都是受惠於此人。然而，《羅密歐與茱麗葉》所具有的高尚氣質與悲愴慟情的表現，卻是馬羅的戲劇才華或感情共鳴所不能企及的。

第十章　好戲連篇的劇作家

在灰暗的日子中，不要讓冷酷的命運竊喜；命運既然來凌辱我們，就應該用處之泰然的態度予以報復。

——莎士比亞

揭幕
——To be or not to be；that's 莎士比亞

(一)

在英國，每年的六月二十三日夜晚被稱為仲夏夜。傳說稱這天夜裡神仙會在森林中舉行歡宴，凡人如果進入森林就會著魔。根據這一傳說，莎士比亞創作了他最富有幻想色彩和浪漫情調的一部喜劇——《仲夏夜之夢》。

據說，這部戲是莎士比亞應某位貴族之約創作的，為的是在仲夏之夜的一場喜慶的婚禮上演出用，因此取名為《仲夏夜之夢》。這部戲中不僅有為慶祝婚禮而作的新婚歌，還有描繪甜蜜愛情及不受父母之命自由選擇伴侶的主題在裡面。

這是一個純粹的浪漫愛情故事，是在仲夏夜所做的一場美妙的夢。劇情的最大特點就是線索眾多，錯綜複雜交織在一起，而透過三個層次，即現實世界、夢幻世界和神話世界來一一展開。

在現實世界中，雅典國王忒修斯與阿瑪宗女王希波呂忒成婚。劇的一開場，就是他們即將成婚，而結尾也以三對情侶舉行婚禮結束。但這條線索在劇中的地位並不重要。

最為重要的是第二條線索，貴族伊尼斯想把女兒赫米婭嫁給雅典貴族青年狄米特律斯，但女兒卻愛上了另一個青年拉山德。按照雅典的法律，如果女兒不肯嫁給父親為她挑選的丈夫，父親就有權要求判她死罪。

赫米婭和拉山德不願分手，於是兩人約好第二天晚上在城外的樹林會合，然後一起私奔，逃出雅典城。

赫米婭的好友海麗娜痴情的愛著狄米特律斯。因此，當赫米婭把自己的出逃計畫告訴海麗娜後，為討好狄米特律斯，她把這件事告訴了狄米特律斯。

第二天晚上，拉山德與赫米亞如期在樹林中見面，結果狄米特律斯也跑來了，後面還尾隨著海麗娜。

這片森林代表著自然王國，也象徵著自由王國。在這裡，沒有世俗的法律和習俗，由仙人和精靈掌管。那天晚上，恰好仙王奧布朗和仙后提泰妮婭帶著他們的隨從舉行宴會，但仙王和仙后之間卻鬧翻了。

兩人爭吵是為了一個偷換來的印度小王子，仙后不肯把這個聰明的印度小王子送給仙王做侍童。仙王為了懲治仙后，叫來了快活、淘氣而又機靈的小精靈派克，讓派克用一種名為「愛懶花」的花汁滴在睡著後的仙后的眼皮上。這種汁液有一種魔力，就是當她醒來時，不管看到什麼，都會對他產生瘋狂的愛情。然後，仙王再用另一種草解除這種魔力，但首要條件是要仙后把那個印度小王子送給他。

這時，正巧狄米特律斯來到森林裡尋找拉山德和赫米婭。為得到赫米婭，他想殺死拉山德。而可憐的海麗娜還在痴心的愛著狄米特律斯，在他後面緊追不捨。

仙王聽到他們之間的談話後，非常同情海麗娜，便命令派克在狄米特律斯的眼皮上滴幾滴「愛懶花」汁，讓海麗娜實現自己的願望。不料派克粗心大意，錯把拉山德當成了狄米特律斯，在他眼皮上滴了花汁。結果，拉山德醒來第一眼看到的是海麗娜，他立刻瘋狂愛上了海麗娜。

仙王為糾正派克的錯誤，又在狄米特律斯的眼皮上滴了幾滴花汁。狄米特律斯醒來後第一眼看到的也是海麗娜，他也立刻熱烈追求起海麗娜來，並準備再次與拉山德決鬥。海麗娜和赫米婭都被弄得糊塗不已。

在森林中的另一角，以木匠昆斯、織工波頓為首的一群手藝人正在排練一出愛情題材的戲，準備在公爵的婚禮上演出。由於花汁的魔力，仙后愛上了長著驢頭的織工波頓。

最後，仙王出現，用解除魔力的汁點在仙后和拉山德的眼皮上。仙王與仙后又和好如初，另外兩對情人也在國王王后的主持下舉行了婚禮。

在戲的末尾，忒修斯宮中張燈結綵，忒修斯和希波呂特的盛大婚禮正在熱烈進行，另外兩對新人也同時舉行了婚禮。

這部戲是一部充滿童話色彩的純喜劇，劇中沒有任何說教的目的，是一部純娛樂性質的作品。它是想表明愛情是無理性的、盲目的，就像海麗娜所說的那樣：

一切卑劣的弱點，在戀愛中都成為無足輕重，而變成美滿和莊嚴。愛情是不用眼睛而是用心靈看的，因此生著翅膀的丘比特被描成盲目；而且愛情的判斷全然沒有理性，光有翅膀，不生眼睛，一味表示出魯莽的急躁。因此，愛神便據說是一個孩子，因為在選擇方面他常會弄錯。

(二)

如果說莎士比亞的「第一個四部曲」是英法百年戰爭後期歷時三十年之久的「玫瑰戰爭」給他的戲劇創作帶來靈感的話，那麼英法百年戰爭前數十年的歷史給他帶來的靈感便促成了他的「第二個四部曲」的誕生。這個四部曲包括一五九五年創作的《查理二世》、一五九七年創作的《亨利四世》上、下篇以及《亨利五世》。

當時，隨著沒有王位繼承人的女王的年事漸高，王位繼承問題也成為擺在英國皇族面前的難題。據說，女王曾暗中培養蘇格蘭的詹姆士六世，但卻不敢公諸於世，因為她擔心天主教會的敵人會在他即位前將他殺掉，然後篡位。

洞察世事的莎士比亞透過戲劇的方式反映了這段歷史。從歷史順序上看，這個「四部曲」描寫的是第一個「四部曲」之前的事，展現的是蘭開斯特王朝建立和鞏固的過程。內容主要描寫了波琳波洛克公爵，即後來的亨利四世，是怎樣將謀取自己家產的昏君查理二世趕下台，並篡奪王位的這段歷史。

《查理二世》這部戲劇不像之前的歷史劇那樣，完全以敘述事件為主，而是非常注重刻畫人物的性格和心理特徵。在描寫查理二世被廢黜一事時，莎士比亞主要透過揭示查理二世軟弱的性格特徵，如缺乏統治國家的能力、相信君權神授、對大臣寡恩刻薄等，闡明這樣的個性必然會導致滅亡。

《查理二世》的劇情十分簡單，但語言卻獨具特色，甚至被認為是莎士比亞歷史劇中最具有抒情風格的一部戲劇。整個戲劇的語言幾乎都是用充滿詩情畫意和哲理的韻文寫就，因此尤為後世喜愛。

該劇一開演就轟動了整個倫敦，街頭巷尾紛紛議論本朝的女王和查理二世。因為這部劇中的歷史與當時的英國王朝頗為相似，而伊莉莎白本人也像劇中的查理二世那樣，過分追求奢華的生活，將國事委託給自己的寵臣。她擔心自己有一天也會像查理二世那樣，被亨利四世這樣的臣子廢黜。

為此，樞密院還以女王的名義下令禁止倫敦的劇院再演出這部戲，當時倫敦最豪華的「天鵝」劇院甚至因首演了該戲而被政府搗毀。

後來，一些英國著名的莎學研究專家經考證後認為，莎士比亞可能因為這個劇本而差點被英國當局逮捕。但這份逮捕令最終並沒有執行，原因可能是政府擔心逮捕莎士比亞這樣社會知名度過高的作家會引起民憤。

而莎士比亞也感覺到了自己頭上懸著一把女王的無形之劍，稍有閃失，就可能丟了腦袋。因此一五九七年《查理二世》再版時，他沒有署自己的名字。到一五九八年署名出版後，他又將其中查理二世被廢黜的場景刪掉了。

(三)

從一五九五年下半年到一五九六年上半年，英法聯盟已經是名存實亡，西班牙奪走了法國的要塞加萊，隨時都有可能強渡英吉利海峽，進攻英國的多佛爾。

當然，英國也不甘心失敗，伊莉莎白女王派海軍大臣霍華德勳爵和埃塞克斯伯爵率領遠征軍攻打西班牙的重要海港珂迪茲。不久，英軍勝利的消息就傳到倫敦，舉國上下一片歡騰。埃塞克斯伯爵的地位和名譽也達到了他一生中的頂點，被女王伊莉莎白授予元帥的軍銜。詩人斯賓塞更是寫詩讚譽他為英國的光榮，是騎士精神培育出來的一朵奇葩。

不過，西班牙也心有不甘，不久又派出一支艦隊計畫進攻英國。但由於遭遇風浪，這支艦隊在與英國艦隊交戰時遭到慘敗，只好放棄對英國的進攻。

儘管英國打了勝仗，但老百姓依然過著衣食不保的困苦生活，因為那些用來救濟貧民的錢都用來打仗了。富有愛國心的莎士比亞為了鼓舞士氣，遂創作了一部歷史劇，並選擇了約翰王作為這部戲劇的主角。

《約翰王》這部戲劇可能是以一五九一年出版的《英格蘭約翰王的多事之朝》為基礎，主要描寫了「獅心王」理查參加十字軍東征時客死異國他鄉、他的弟弟約翰趁機奪取王位、將應繼承王位的小王子亞瑟趕下來的故事。

不過，約翰王即位後，地位也不穩固。亞瑟王的母親康斯丹斯想方設法讓自己的兒子即位，羅馬教廷也對約翰王的位置虎視眈眈，國內的封建主更是不甘心俯首聽命。

面對這種內憂外患的境況，約翰王表現出了極大的勇氣，令英國擺脫了羅馬教廷的控制，並積極對法作戰。但後來約翰王卻失去了民心和同盟，私心日漸加重，將個人利益置於國家利益之上，甚至為保住王位向羅馬教廷投降。

更殘忍的是，他竟然指使近侍殺死了王位的合法繼承人、他的侄子亞瑟王。最終，機關算盡，約翰王被他曾經劫掠過的寺院僧人毒死。

這部戲最大的政治意義，在於莎士比亞透過福康勃立琪這個人物表現了自己的愛國熱情。福康勃立琪是獅心王的私生子，但他卻寧願丟掉大筆遺產也不願承認自己是爵士之子。他認為：作為勇敢的獅心王的私生子要比金錢更重要。儘管他對約翰王表現出一種令人無法理解的愚忠，但藉助他的話，也道出了莎士比亞的心聲：

我們英格蘭從來不曾、也永遠不會屈服於一個征服者驕傲的腳下，除非它用自己的雙手將自己傷害……儘管全世界都是我們的敵人，向我們的國家三面圍攻，但我們也可以擊退他們。只要英格蘭對它自己盡忠，天大的災難都不能震撼我們的決心。

這樣慷慨激昂的語言自然能夠激勵看戲的士兵和市民們。

另外，這部戲的意義還在於：它可以表達人們對教皇的反抗情緒。因為西班牙入侵英國是秉持了羅馬教皇的旨意，英國人民當然有理由反抗打破自己安寧生活的羅馬教皇了。

(四)

一五九六年，莎士比亞又創作了一部名為《威尼斯商人》的喜劇，這也是莎士比亞早期喜劇中社會諷刺性最強的一部。而促使莎士比亞創作該劇的原因，是當時轟動一時的「洛佩斯事件」。

伊莉莎白女王在位期間，經常以更換寵臣的方式來鞏固自己的統治。一五八八年，年輕的埃塞克斯伯爵成為女王的新寵。這樣，宮廷中就形成了以宮廷老臣伯里為中心和以埃塞克斯伯爵為中心的兩派勢力。

一五九四年，埃塞克斯伯爵想到一個向女王獻忠的辦法：指控女王的御醫洛羅德里格 · 洛佩斯為西班牙間諜，並迫使他承認試圖謀害女王。在法庭上，洛佩斯竭力為自己辯解，但人們根本不相信他，因為他是一個猶太人。最終，洛佩斯被處以極刑。

「洛佩斯事件」引起了倫敦各階層對猶太人問題的關注。為迎合當時的社會氣氛，「海軍大臣」劇團演出了馬羅的悲劇《馬爾他島的猶太人》。「政務大臣」劇團也不甘示弱，決定上演一部自己創作的關於猶太人的劇本，以吸引更多的觀眾前來觀看。於是，莎士比亞就創作了這部《威尼斯商人》。

在莎士比亞早期創作的喜劇當中，《威尼斯商人》明顯與眾不同。因為這部戲中，歡樂的氣氛與愛情的主題被放到了次要的位置，而悲劇中的欺詐、報復等主題則占據了主導地位。

這部喜劇有兩條線索交替進行：一條是三匣子選親，另一條是一磅人肉案。

其中，三匣選親的情節取自中世紀拉丁文短片小說《羅馬人的偉績》一書中的第六十六個故事：一個富翁在臨死前將女兒的小像裝進金、銀、鉛三個小匣子中，誰猜中了，誰就能娶他的女兒為妻。

訂立割一磅肉契約這個情節取自於義大利作家喬萬尼 · 弗林提奧的短篇小說集《傻瓜》：一個青年三次冒險去求婚，前兩次都上當了，自己的財物也失掉了，最後一次成功了，卻用養父身上的一磅肉作為抵押，借錢定了婚約，債務到期還不上，債主前來索要借約上的那一磅肉。

綜合這兩個故事，莎士比亞創作了《威尼斯商人》。

這個故事講的是破落的貴族青年巴薩尼奧屢次向他的朋友威尼斯商人安東尼奧借錢償還債務。後來，他想娶富家女鮑西亞為妻，這又需要錢，因此他希望安東尼奧再幫他一次。

可這次安東尼奧手裡恰好沒有現錢，他只好向高利貸者猶太人夏洛克借錢。吝嗇的夏洛克對基督教徒安東尼奧早就懷恨在心，伺機報復，因為安東尼奧借給別人錢時從來不要利息，這就壓低了威尼斯城放高利貸人的利息；並且安東尼奧還曾在公開場合指責過夏洛克，讓他難堪。

現在，安東尼奧向自己借錢，夏洛克終於找到了報復的機會。他表示，自己可以借錢給安東尼奧，而且也不要利息，但在借約上必須注明：三個月後，到期不還，就必須同意他在安東尼奧身上任何部位割下一磅肉作為處罰。

雖然有很大的風險，但安東尼奧為了朋友的婚事只好簽下借約。巴薩尼奧拿到錢後，馬上就去求婚了。

然而，鮑西亞也不是那麼容易娶到手的，因為她的父親去世前留下了金、銀、鉛三隻匣子，其中一個裡面藏著愛女的小像，只有選中裝有小像的匣子，才能娶鮑西亞為妻。如果選錯，這個人終生都不能向任何女子求婚。

這個苛刻的條件嚇跑了許多求婚者，最後只剩下三個：摩洛哥親王選擇金匣子，但裡面只有一張紙，上面寫道：

「發光的不一定都是金子，古人的話沒有騙人；多少人出賣了一生，不過看到了我的外形……」

阿拉貢親王選中了銀匣子，也猜錯了。而巴薩尼奧根據「外觀往往與事物本身完全不符」的經驗，選中了難看的鉛匣子，結果贏得了鮑西亞的芳心。

三匣選親的情節表達了這部戲劇的主題之一：不應簡單憑藉外表對事物進行判斷，因為「外觀往往和事物的本身完全不符」。這也是莎士比亞想要告訴我們的一個人生哲理。

巴薩尼奧終於如願以償與鮑西亞結婚了，鮑西亞還贈給他一枚戒指，並囑咐他不能讓戒指離開手指，否則愛情就會消失。

就在巴薩尼奧沉浸在幸福之中時，忽然收到安東尼奧送來的訣別書。原來，安東尼奧的商船在海上出了事故，現在他已無力還清夏洛克的欠款，而夏洛克卻堅決要執行借約的規定：從安東尼奧身上割下一磅肉。

鮑西亞馬上給丈夫一大筆錢，讓他趕快去還債，救出自己的朋友。

在法庭上，夏洛克堅決要割下安東尼奧的一磅肉，而不接受巴薩尼奧加倍償還的欠款。這時，法庭上來了一位青年博士主審此案。他駁回了巴薩尼奧變更法律的要求，但勸說夏洛克應仁慈些。在遭到雙方的拒絕後，博士判決應按借約執行。

就在夏洛克惡狠狠舉刀要割安東尼奧的肉時，青年法官突然說：「夏洛克先生，借約寫明的只是一磅肉，如果流了基督徒身上的一滴血，你的財產就要全部充公。」

夏洛克一聽，馬上表示不割肉了，而是願意接受三倍的還款，甚至只拿本錢，或者不要這個錢，然後倉皇撤退。但青年法官堅決要按原來的約定執行，否則就判決夏洛克犯有企圖謀害公民罪。按照威尼斯法律的規定，他的財產一半充公，一半歸被告。

慈悲的安東尼奧懇請法官將歸他的那一半財產交給與夏洛克女兒私奔的女婿羅蘭佐，條件是夏洛克必須改信基督徒，並聲明他死後，財產應由羅蘭佐夫婦繼承。

案子判決後，青年博士法官謝絕了巴薩羅奧的三千元報酬，但卻執意要走了他手上的戒指。巴薩羅奧回到家後，因為失去了結婚戒指，被鮑西亞指責為另有新歡。

一番逗弄後，鮑西亞才說出實情，原來扮成青年博士法官的正是鮑西亞。這時傳來消息：安東尼奧的三艘商船已經全部進港。全劇在歡快的氣氛中結束。

《威尼斯商人》的主題是歌頌慷慨無私的友誼和真誠美好的愛情，譴責貪婪、自私、殘忍和唯利是圖等人性中醜惡的方面。雖然題目是《威尼斯商人》，這個商人顯然指的是安東尼奧，但實際上劇中人物性格最突出、內涵最豐富的卻是猶太富商夏洛克。他有兇狠殘暴、貪婪吝嗇的一面，又有被欺辱、被壓迫的一面。他既引起人們無比的憎恨，又令人不能不去同情憐憫。莎士比亞塑造的這一人物性格的豐富性和複雜性，使夏洛克的形象獲得了不朽的藝術生命力。

揭幕

——To be or not to be；that's 莎士比亞

第十一章　躋身名門貴族

有一類卑微的工作是用艱苦卓絕的精神忍受著的，最低微的事情往往指向最高大的目標。

——莎士比亞

揭幕
——To be or not to be；that's 莎士比亞

(一)

莎士比亞在倫敦從事演員和戲劇創作的十八年期間，他那些住在斯特拉福鎮的家人曾為土地問題兩度與人進行艱苦的爭訟。

在伊莉莎白時代，打官司是一件平常事，很少有哪家沒有上過法庭打過官司的。莎士比亞的父親約翰 · 莎士比亞一生當中打過的幾次官司，多半都與債務有關，結果也是有贏有輸。但是，有關他妻子在溫考特繼承的土地，卻發生了讓人格外難過而又艱辛的訴訟事件。

約翰在離開議會之後，經濟條件十分窘迫，急需錢用，於是就向妻子瑪麗的姻親愛德蒙 · 蘭伯特借了四十磅的錢，並以瑪麗繼承的一些土地作為抵押。與那大片的土地相比，這四十磅實在算不上很多錢，而且是與親戚往來，約翰覺得這應該是安全無慮的。

借錢時，雙方約定於一五八〇年歸還這四十磅。到了一五八〇年，莎士比亞家中的境遇並沒有什麼好轉，但約翰還是準備了四十磅的現錢，跋涉十五里到蘭伯特家中去還錢。

然而，蘭伯特卻不肯收這四十磅，稱莎士比亞一家欠他的錢遠不止這些。七年後，蘭伯特去世時，手裡還握著約翰抵押土地的契約。

蘭伯特去世的那年，莎士比亞一家的運氣又不好，約翰的弟弟亨利欠了別人十磅無法清償，對方將約翰告上法庭，要求他代為償還。另外，約翰又替人作保，因被保人言而無信，平白無故又損失了十磅。

無奈之下，約翰帶著妻子瑪麗和兒子威廉 · 莎士比亞於一五八八年向華威克高等法院遞交了一份訴狀，控告蘭伯特之子及其繼承人。

第十一章 躋身名門貴族

（一）

這一訴訟於次年開庭審理，但莎士比亞一家卻敗訴了，因為伊莉莎白時代的質押法剛硬而沒有轉變的餘地。

約翰不服，八年之後，他再度控告蘭伯特，但結果仍以敗訴告終。

在第一次訴訟敗訴的五年後，莎士比亞一家又因為一些原因喪失了一些土地。一五九四年九月，斯特拉福鎮又發生了火災。雖然莎士比亞家自住的兩間房屋幸未波及，但第三棟房子卻在火災中燒毀了。

在這些事情發生期間，莎士比亞一直都與家中保持著聯繫，同時一五九六年時還返回家鄉，協助父親料理家中的事務，並了解了法院對他父親的追訴。

然而就在這年，莎士比亞心愛的兒子哈姆雷特卻不幸夭折了，年僅十一歲。哈姆雷特去世時，莎士比亞並不在斯特拉福鎮的家中，而是正跟隨「政務大臣」劇團在肯特的一個鎮上公演，那裡距離倫敦有四五十里路。

如果能馬上收到消息，或許莎士比亞還能回去看望兒子，並參加他的葬禮。但演員們一旦出城巡迴演出，要想送信給他們，就只有先趕到他們的預定地點等著攔截才行。但即便送信的人清楚劇團的路線，也未必能準時送達。所以，莎士比亞在巡演結束回到倫敦後才收到哈姆雷特去世的消息。

這一年，莎士比亞寫了《約翰王》這個劇本。在這個劇本中，小王子亞瑟的死寄託了莎士比亞的喪子之痛。小王子天真、聰慧、堅毅、可愛，他的被殺，是因為國王貪戀權力。王后康斯丹斯哀痛的呼號實際上也發自莎士比亞的內心：

揭幕
——To be or not to be；that's 莎士比亞

小亞瑟是我的兒子，他已給失去了！我沒有瘋，我巴不得祈禱上天，讓我真的瘋了！因為那時候我多半會忘了我自己。啊！要是我能夠忘了我自己，我將要忘記多少悲哀！

主教神父，我曾經聽見你說，我們將要在天堂裡會見我們的親友。假如那句話是真的，那麼我將會重新看見我的兒子；因為自從第一個男孩子該隱的誕生起，直到昨天夭亡的小兒為止，世上從來不曾生下過這樣一個美好的人物。

可是現在，悲哀的蛀蟲將要侵蝕我的嬌蕊，逐去他臉上天然的美麗，他將要形銷骨立，像一個幽魂或是一個患瘧疾的人；他將要這樣死去。當他從墳墓中起來，我在天堂裡會見他的時候，我再也不會認識他。所以，我將永遠永遠都不能再看見我的可愛的亞瑟了！

在以後的歲月裡，莎士比亞還曾多少次深情念起「哈姆雷特」這個名字。莎士比亞大概命中註定要失去兒子，但後來他卻將自己兒子的名字永遠留存在《哈姆雷特》那部不朽的劇本中。

(二)

一五九六年，也就是在小哈姆雷特去世的那年，十月二十日，倫敦的紋章部為約翰 · 莎士比亞繪製了新的紋徽，約翰 · 莎士比亞正式成為貴族。當然，這件事完全是在威廉 · 莎士比亞的安排下進行的。

約翰 · 莎士比亞所接受的紋徽其實早在二十年前就已經設計好了，只是那時約翰申請時沒有獲得通過。這面紋徽簡單美觀，一面是金盾，上面有黑色的條紋橫過，盾上有銀質的金矛。至於紋章上端的飾章，則有展翅銀鷹棲息於銀色的花環之上，並擎著長矛。

從此，約翰 · 莎士比亞及其後代就可以將這個紋徽刻在「戒指、圖章、大廈、衣服、器皿、墓碑上」，以之為家族的榮耀了。

約翰 · 莎士比亞去世後，威廉 · 莎士比亞繼承父親成為這個家族中的紳士。這時，對是否適合給莎士比亞家人頒發紋徽，紋章部內又起了爭執。紋章的頒發並沒有什麼不妥的地方，但那裡的官員們彼此不合，有個名叫瑞夫 · 布魯克的官員便借題發揮，列出錯誤攻擊為莎士比亞家族頒發紋徽的兩位官員。他認為「演員莎士比亞」不配獲得紋徽，而且莎士比亞家族的紋徽與莫里爵士的紋徽太相似了。

兩位官員對布魯克提出的答辯手稿現在還存在，上面並列了莎士比亞和莫里兩家的紋徽，兩位官員表示兩者有很大差異。而且，兩位官員還認為給莎士比亞家族頒賜紋徽並沒有什麼不妥，因為「約翰 · 莎士比亞曾任亞芬河畔斯特拉福鎮執法官、治安法官，並娶妻亞登家族後裔，又頗富資產」。

揭幕
——To be or not to be；that's 莎士比亞

最終，莎士比亞家族還是獲得了紋徽。此後不到一年，莎士比亞一家又向著顯赫之途邁了一大步：一五九七年五月四日，莎士比亞在斯特拉福城買下了一棟大房子。

這棟住宅名叫「新居」，是一位名叫克勞普德的爵士在一百多年前建造的。到莎士比亞購買時，房子顯然已經有點破舊了，但它卻依然是斯特拉福城內崇高地位的象徵。

同時，莎士比亞還花費六十磅買下了與房子相連的兩個穀倉和兩個花園。隨後，莎士比亞便著手舊屋整建的工作。一六〇二年以前，莎士比亞又在與房子相連的地方開發出一片果園，據說莎士比亞對這片果園非常有興趣，還親自種了一棵桑樹。

後來的很長一段時間裡，這棵桑樹都是果園的主要景觀。但在一七五八年時，這棵桑樹卻被砍倒了，當地的居民將這棵樹上的木材瓜分掉，並以一種近似迷信般的崇敬將樹木的碎片保存起來。

依靠演戲，莎士比亞獲得了比較豐厚的收入。大約到一五九八年時，莎士比亞已經成為斯特拉福城中的主要屋主之一了。不過，他卻從未對城裡的福利感興趣，也不在意斯特拉福城的公務應該如何處理，他的名字在城裡的記錄冊上幾乎空白。除了不斷增加的不動產之外，莎士比亞在斯特拉福的主要活動就是因債務問題而與鎮民們對簿公堂。

一六〇一年，約翰 · 莎士比亞去世，葬於斯德拉福鎮的教堂墓園。此後，莎士比亞也會經常回到鎮上的家中。

一六〇二年五月，莎士比亞以三百二十磅的龐大金額在斯特拉福城買下了一片占地一百零七英畝的空地。從此，這位元戲劇作家也因為這筆交易而與當地一些富有影響的人物之間發生了密切的聯繫。

但在與家鄉的人打交道時，莎士比亞卻顯得嚴肅而拘謹，完全不像在倫敦的劇團那樣，與夥伴們保持著平等、閒適的關係。他雖然也對營造莎士比亞家族的財富深感興趣，但又對自己身為斯特拉福鎮鎮民的職責和斯特拉福鎮的命運不太關心，他的主要心思還是集中在自己的演出事業和戲劇創作方面。

揭幕

——To be or not to be；that's 莎士比亞

第十二章　新劇院與《亨利五世》

習慣簡直有一種改變氣質的神奇力量，它可以使魔鬼主宰人類的靈魂，也可以把他們從人們的心裡驅逐出去。

——莎士比亞

揭幕
——To be or not to be；that's 莎士比亞

(一)

一五九六年至一五九七年期間，莎士比亞所在的「政務大臣」劇團在演出場地問題上遇到了麻煩，因為劇院當時在倫敦租用的地皮租約已經到期，而地皮的主人加爾斯 · 艾倫故意在新租約上無理刁難。因為原來的租約上寫著：地皮上所建造的房屋在租約期滿之前必須拆走，否則歸地皮擁有者所有。

此時，劇團股東之一的詹姆斯 · 博比奇已經重病纏身。儘管他帶著病體與艾倫進行多次商談，並希望能將租約續到一六〇七年，但遭到艾倫拒絕，談判毫無結果。

於是，博比奇又花錢在布萊克福賴爾物色了一座舊的戲院——帷幕劇場，並斥資重新修建。這樣一來，博比奇也成為英國第一位將有屋頂與室內照明設備的廳堂改建為公共戲院的人，成為戲院建築方面的先鋒。

可惜的是，這個劇場建在一個較高的山坡之上，那裡是該處最特別而排外的住宅區。劇院排練和演戲時要敲敲打打，干擾了當地的清靜。因此劇院即將完工時，當地居民向樞密院提出了訴訟。樞密院下令：在布萊克福賴爾不允許興建公共戲院。

此後不到兩個月，博比奇便抑鬱而逝，留下了庫斯伯特和理查兩個兒子繼續奮鬥。

所幸「政務大臣」劇團一向團結，大家都齊心合力為劇團的效益努力，因此到了一五九七年耶誕節，劇團終於在泰晤士河南岸距離玫瑰劇院不遠的地方租下一塊地皮，並和地皮主人尼格拉斯 · 布藍達爵士簽訂租約，租期為三十一年。

隨後，「政務大臣」劇團的人趁著艾倫在耶誕節外出度假的時機，請工人拆卸了老劇院劇場裡的木料，從結冰的泰晤士河上將木料運到河對岸的新劇場工地上，用於新劇院的建築。

當時，英國的木材稀少而昂貴，由劇院拆下來的都是厚重、值錢的木材，這為「政務大臣」劇團省了不少錢，比新建一座戲院要便宜得多。

重新拼建的劇院在設計上與原來並沒什麼太大的改變，仍然是在伸出的舞台四周安置了一排排呈階梯式的座位，頭上是茸草屋頂，中央露天打開。不過，設計師彼得 · 斯威特倒是採用了所有最新的技巧，使得建成後的劇院能給觀眾以最大的舒適度，同時也給演員帶來了更多的便利。

劇院中戲服存放的空間也擴大了許多，而且還裝置了最近的後台機關布置。它有一套暗門，這樣才讓演出《馬克白》時裡面的三個幽靈得以現身。其中的一道暗門在舞台上還有駐腳台，屋頂之下也有複雜的機關。

這個新建立的劇院被命名為環球劇院，他們的徽記是希臘神話中的大力士海克力斯在雙肩上擎著地球。新劇院的建築和使用面積也比原來的劇院大得多，可以容納兩千餘名觀眾。這所倫敦最漂亮的劇院此後便成為「政務大臣」劇團的主要演出場所，也成為莎士比亞戲劇的主要舞台和他的可觀的經濟來源之一。

(二)

一五九九年，環球劇院建成後，最先在新劇院上演的一些戲劇中有一齣是《凱撒大帝》。當時，有個名叫湯瑪斯 · 布萊特的德國觀光客與他朋友們來到泰晤士河畔，「在那裡的一座覆蓋著葺草頂的戲院中，看到了一場極好的演出，是一部有關第一位皇帝——朱利葉斯的悲劇」。

布萊特對英語不夠精通，但對表演結束時演員們表演的群舞卻印象深刻。同時，他對英國劇院中的座位安排非常贊同，因為「人人都可以保持良好的視線」。另外，他對演員們所穿的華麗服飾也讚賞不已。

在《凱撒大帝》這部戲劇中，莎士比亞嘗試了一些新的東西。他的劇情多取材於廉價的小說或舊劇，《凱撒大帝》也是他根據普魯塔克的古典巨著《偉人列傳》而寫的一系列劇本中的第一部。

普魯塔克深受文藝復興時期人們的推崇，但莎士比亞對他那種限制重重、只能閱讀不能排演的戲劇並沒有興趣。他之所以閱讀普魯塔克的作品，也並非因為尊崇他，而是為了從劇情中獲得快樂和自己需要的其他東西。

在創作這部作品時，莎士比亞比寫其他大部分劇本的速度都慢，而且也比較審慎，似乎極力想嘗試古典的那種控馭方式，但還不能讓這樣的嘗試影響到他對人物的認識和描述。當然，這部戲在上演時，也獲得了如湯瑪斯 · 布萊特那樣的好評。

這期間，莎士比亞還寫了一連串的浪漫喜劇，如《無事生非》、《如願》、《第十二夜》等。後來認為，這三部喜劇也是莎士比亞浪漫戲劇中最完美的三部作品。

以結構的形式而言，莎士比亞都是以不同的手法來處理一件多少有點嚴肅的傳奇，並將一些獨創的、包含溫和和諷刺或通俗喜劇在內的穿插與浪漫的題旨相互交織，然後用他想像的人物將故事動人地表達出來，其中還有許多嚴肅道德問題的深入探討，與人性喜劇各方面的精彩描寫交融在一起。

此外，在這三部喜劇當中，莎士比亞均以令人深感興味的舉止儀態來表現那些既歡樂又溫存的青年女性，同時還在戲中穿插了優美的歌曲，加強了和諧的主調。他還在多姿多彩的三聯劇上加入了一種平和感人的魅力，這也是莎士比亞戲劇在其他地方所難得一見的。光這三部戲的標題，就流露出作者的一種特別活潑歡快的氣質了。

三部戲當中，《如願》取自英國詩人及戲劇家湯姆森 · 洛基的通俗散文愛情故事《羅莎琳》。這本小說雖然出自英國作家之手，但其中卻有許多義大利的痕跡。因此，莎士比亞創作的《如願》也將義大利的田園精神十分忠實的表現出來，這是莎士比亞的其他喜劇都趕不上的。

莎士比亞雖然沿用了洛基小說中的許多田園背景，但卻以生動而新鮮的筆法點綴出戲裡的生命。尤其重要的是，他在其中安排了三個新的人物，其中兩個就是賈克斯和「試金石」，他們都以個人觀點對生命作了尖銳的批評；而第三個人物奧伯雷則以通俗的詼諧滑稽表演來對稱這部新戲中廣泛而詳細地描述的女性氣質。

《第十二夜》和《無事生非》都源自於義大利通俗小說選集。在這兩部劇中，莎士比亞並不反對讓女子穿上男裝，或讓流放之人藏身於森林等的布局。他靈巧的雙手托起了這些劣等的材料，輕而易舉地就將其托入喜劇和愛情故事的輝煌之中。

有一位倫敦的青年律師在看了《第十二夜》之後，對於其中「馬夫利歐」這個角色十分喜歡，回家後在日記中詳細記錄下了這個角色的全部細節。這個青年名叫約翰 · 莫寧，他還喜歡在自己的日記中記錄一些倫敦城裡的趣聞。

據說，其中有一則趣聞寫的是理查 · 博比奇飾演查理三世成功的那段日子，有個市民的妻子在離開劇院時約博比奇見面，這恰好被莎士比亞無意間聽到了。於是，莎士比亞就先行前去與這位女子見面。等博比奇到來後，他在門口喊「查理三世駕到」，而裡面卻答話稱「征服者威廉已先於查理三世駕臨」。

在戲劇界，莎士比亞可以說是無往不利的，這也很可能會被人取作一個「征服者威廉」的外號。

(三)

環球劇院修建完成之前，莎士比亞就已經開始寫一部新的歷史劇了，這部歷史劇就是《亨利五世》。

這之前，莎士比亞在他的歷史劇中已經塑造了一系列的國王形象：心慈面軟、庸碌無能的亨利六世、兇殘暴虐的理查三世、殘殺親侄子的約翰王、荒淫奢侈的理查二世等。雖然亨利四世算得上治國有方，但也是一位篡位之君。所以，莎士比亞塑造的人物總是讓他心懷不安。這次，莎士比亞的筆下終於出現了一位理想中的完美君主形象。

這部戲講的是英法百年戰爭中的阿金庫爾戰役的故事，情節緊承《亨利四世》中老國王病逝的一幕。在《亨利四世》中，亨利五世是個紈絝子弟，整天無所事事，沒什麼追求和理想。然而當父王面臨叛亂和丟掉王位的危險時，他又秉持了父親的精神，勇敢擊退了叛軍。根據自己的出身，他認為自己可以繼承法蘭西的王位，然而，法蘭西的王位繼承法卻剝奪了他的繼承權。

此時，恰好法國的一位大使進來求見，並以皇太子的名義贈送給亨利五世一箱子網球，用以嘲諷亨利五世少年時代的放蕩不羈。見此情景，亨利五世惱羞成怒，他立即利用這個事件作為藉口，讓大使稟明法國的皇太子：

「為了他今天開的這個玩笑，成千上萬的女人將變成寡婦！」

於是，亨利五世決定將法蘭西作為一個網球場，將網球打到皇帝的王冠之上。就在亨利五世率兵出征之時，幾個貴族受法國的賄賂糾集在一起，企圖除掉亨利五世。

揭幕
——To be or not to be；that's 莎士比亞

亨利五世不失時機的殺掉了叛國者，然後率軍向法國挺進，並很快攻下哈福婁城。法國國王聞訊後，立即召集皇太子和眾大臣商量對策。由於法國軍隊人多勢眾，對英軍根本不屑一顧，因此非常輕蔑的要求英軍退軍，並要求亨利五世向法國國王道歉謝罪。

亨利五世斷然拒絕了法王的要求。他走到士兵中間，鼓舞他們勇敢作戰。亨利五世的言行深深鼓舞了士兵的戰鬥士氣，在此後的阿金庫爾戰役中，英軍以少勝多，終於取得了巨大勝利。

打敗法國後，亨利五世不僅成為法國的王位繼承人，還迎娶了法國的公主凱薩琳。這樣，亨利五世的子女也有了法國王位的繼承權。

在這場對外戰爭中，亨利五世不僅贏得了一個國王、一個王后，還樹立了威信，受到臣民們的擁護和愛戴。只可惜的是，他的兒子亨利六世是個懦弱無能的傢伙，沒有將他父親的勇敢精神繼承下來，「到最終既喪失了法蘭西，又害得英格蘭血流遍地」。

這是《亨利五世》結尾處所說的一些話，它巧妙將莎士比亞的第二個歷史劇「四部曲」與第一個「四部曲」聯繫在一起，共同構成了反映英法在十五世紀百年歷史中的一套八集連續劇。

在《亨利五世》中，無論是處理朝政、指揮作戰，還是為人處事，亨利五世都可以稱得上是一位賢明的君主。他真心實意向學識淵博的主教請教；對外戰爭的理由他也明白的講給別人聽，不曾隱瞞任何陰暗的目的。尤其是他與士兵的親密關係，經常安慰、鼓舞士兵，還吩咐英軍「行經法蘭西的村子，不准強取豪奪，除非照價付錢；不准出言不遜，侮辱法國人民。要知道，在『仁厚』和『殘暴』爭奪王位時，總是和顏悅色的『仁厚』可以最先將它贏到手」。

在打敗法蘭西，向法國公主求婚時，亨利五世也沒有像一個勝利之君那樣霸道，而是像一個直爽的青年那樣，簡明、直接而禮貌的表達了他對公主的愛意，沒有任何的獻殷勤和花哨的言語。

總之，在伊莉莎白時代，莎士比亞不知不覺將資產階級要求自由平等的人文主義思想賦予他的理想君主身上。可以這樣說，他筆下的亨利五世已經不再是那個十五世紀初的英格蘭帝王了，而是資產階級領袖人物的理想化身。

揭幕

——To be or not to be；that's 莎士比亞

第十三章 優美的十四行詩

世界是一個舞台，所有的男男女女不過是一些演員，他們都有下場的時候，也都有上場的時候。一個人的一生中扮演著好幾個角色。

——莎士比亞

揭幕
——To be or not to be；that's 莎士比亞

(一)

十六世紀上半葉，十四行詩從義大利傳入英國。到了九〇年代，由於西德尼的《阿斯特洛菲爾和斯黛拉》出版，十四行詩成為英國最流行的詩歌形式。曾有人統計，僅在一五九二年到一五九七年的五年之間，英國就發表了兩千五百多首十四行詩。如果再加上那些沒有發表的，數目肯定更多。由此可見十四行詩在英國的詩歌界所引起的轟動。

但是，讓十四行詩最終走出英國、走向世界，並能夠獲得極高聲譽的人，卻只有莎士比亞。

在創作戲劇之前，莎士比亞一直都想做一個詩人，因此他在創作戲劇的同時也在進行著十四行詩的寫作。從一五九二年到一五九八年，莎士比亞創作的十四行詩共有一百五十四首。

最早提到莎士比亞這些詩的人是米爾斯。他在《帕拉迪斯 · 泰咪昂，智慧的寶庫》一書中寫到：

「他（莎士比亞）在私交之間傳抄的甜蜜的十四行詩。」

由此可見，莎士比亞當時創作的十四行詩在他的朋友中間傳抄很廣。到一五九九年，這些詩其中的兩首（第一百三十八首與第一百四十四首）在未經莎士比亞同意的情況下而被選入一個詩集當中。

整部詩集的首次刊印是在一六〇九年，由湯瑪斯 · 索普負責出版。在詩集的獻辭中，索普寫道：

獻給下面刊行的十四行詩的促成者 W · H 先生，祝他萬事如意，並希望我們永生的詩人所預示的不朽得以實現。

第十三章 優美的十四行詩

(一)

對他懷有好意並斷然予以出版的 T · T

雖然這個詩集的出版可能未經作者同意，但我們還是應該感謝這位熱心的出版商。據說當時他到處搜集莎士比亞的十四行詩，有一個人居然幫他弄到了一箱子的手抄本。索普遂將這些手抄本變成了出版物，令後人有機會得以欣賞到莎士比亞的詩歌創作才華。不過，獻辭中的「T · T」應該是指湯瑪斯 · 索普，但「W · H 先生」是誰，我們就不得而知了。

文藝復興初期流行的十四行詩結構嚴謹，一般分為上下兩個部分，上段為八行，下段為六行，對音節和韻腳也有著嚴格的規範。

而莎士比亞的十四行詩結構卻有所不同，他雖然也是將十四行詩分為兩部分，但第一部分為三到四行，第二部分為兩行，每行為十個音節。這種形式後來被稱為「莎士比亞式」或「伊莉莎白式」。

對詩人來說，詩的結構越嚴謹，就越難以抒情，就像中國的格律詩一樣，但莎士比亞改動了他的十四行詩結構，當然是因為他自信有足夠的才華可以在這樣的結構中自由抒發他的情感了。

在運用這個詩體形式時，莎士比亞表現得極為得心應手。而其最擅長的是最後兩行詩，往往構思奇詭，語出驚人，既為全詩的點睛之作，又自成一聯警語格言。

揭幕
——To be or not to be；that's 莎士比亞

(二)

莎士比亞的十四行詩主要涉及三個人物：詩人、「年輕朋友」和「黑膚女郎」。他的一百五十四首詩大體分為兩個部分，第一部分是從第一首到第一百二十六首，是獻給他的「年輕朋友」的；第二部分從第一百二十七首到第一百五十二首，是獻給一位「黑膚女郎」的；最後兩首詩則是對古希臘兩首詩的意譯。可以說，青春、友誼和愛情是莎士比亞整部十四行詩集的主要旋律。

莎士比亞的第一百零五首十四行詩，可以作為我們理解他的全部十四行詩主要思想的一把鑰匙：

別把我的愛喚作偶像崇拜，
也別把我的愛人看成一座偶像，
儘管我所有的歌和讚美都用來
獻給一個人，講一件事情，不改樣。
我的愛人今天有情，明天也忠實，
在一種奇妙的優美中永不變心；
所以，我的只歌頌忠貞的詩辭，
就排除駁雜，單表達一件事情。
真，善，美，就是我全部的主題，
真，善，美，變化成不同的辭章；
我的創造力就用在這種變化裡，
三題合一，產生瑰麗的景象。
真，善，美，過去是各不相關，

第十三章 優美的十四行詩

（二）

現在呢，三位同座，真是空前。

從這首十四行詩中，我們顯然可以看到詩人的情感世界，這個世界是一個真、善、美統一的世界。這時的莎士比亞正值風華正茂，對人生、社會都充滿了美好的期望，對人文主義理想更是深信不疑。

一些研究者常常對詩中的「年輕朋友」是男性還是女性提出疑問，其實完全沒這個必要，莎士比亞可能希望留給後人的是一種模稜兩可的感覺，想熱情讚美和執著追求的是一種「至真至純的感情」，一種真、善、美相統一的感情，無論是友情還是愛情，都要求如此。

莎士比亞詩集的第一到十七首，是詩人勸朋友們趕快結婚生子的。因為美好和青春總是易逝的，只有留下後代，才能讓美好和青春延續下去。這也是十四行詩集中獨立的一個部分。

詩人對年輕朋友的感情也是深厚而強烈，他將這種感情看得高於一切，比如在第二十九首中他寫道：

我偶爾想到了你呵，——我的心懷
頓時像破曉的雲雀從陰鬱的大地
衝上了天門，歌唱起讚美詩來；
我記著你的甜愛，就是珍寶，
教我不屑把處境跟帝王對調。

而當年輕的朋友奪去了詩人的情人時，詩人又痛苦不已，但對朋友的愛卻令他無法將這種仇恨施加在朋友身上。比如在第四十首中他就無奈寫道：

雖然你把我僅有的一切都搶走了，
我還是饒恕你的，溫良的盜賊；

不過，愛懂得，愛的缺德比恨的

公開的損害要使人痛苦幾倍。

在第一百一十六首詩裡，詩人還大聲宣稱：忠貞不渝的愛，能夠征服易逝的光陰。

不呵！愛是永遠固定的標誌，
它正視風暴，絕不被風暴震撼；
愛是一顆星，它引導迷途的船隻，
其高度可測，其價值卻無可計算。
愛不是時間的玩偶，雖然紅顏
到頭來總不被時間的鐮刀遺漏；
愛絕不跟隨短促的韶光改變，
就到滅亡的邊緣，也不低頭。

對友情無限忠誠，對愛情也是如此，詩人追求的是一種彼此忠誠、毫無保留的愛情，在對「黑膚女郎」的感情便達到了這一步。可惜，他遇到的是一個水性楊花的女人，他的痴情不僅沒有獲得回報，還給他帶來無限的痛苦與煩惱。但即使如此，詩人也不後悔。詩人清楚地知道：他的情人並不是眾人眼中的美女，而只是一個「黑膚」的女郎，然而他又情不能自已。在第一百四十一首中，詩人便表達了這種熾熱的情感：

說實話，我並不用我的眼睛來愛你，
我眼見千差萬錯在你的身上；
我的心卻愛著眼睛輕視的東西，
我的心溺愛你，不睬見到的景象。

第十三章 優美的十四行詩（二）

……

可是，我的五智或五官都不能
說服我這顆痴心不來侍奉你，
我的心不再支配我這個人影，
甘願做侍奉你驕傲的心的奴隸。

總而言之，與戲劇一樣，莎士比亞的十四行詩在世界文學寶庫中也是一顆璀璨的寶石。在這些十四行詩中，詩人構築了一個真、善、美和充滿愛的世界。精煉的語言、新鮮的比喻、豐富的哲理以及優美和諧的音調，都深深地吸引著無數讀者進入他的詩化世界。

揭幕

——To be or not to be；that's 莎士比亞

第十四章　悲劇創作的高潮

讚美倘從被讚美自己的嘴裡發出，是會減去讚美的價值的；從敵人嘴裡發出的讚美，才是真正的光榮。

——莎士比亞

揭幕
——To be or not to be；that's 莎士比亞

(一)

一六〇一年，莎士比亞已經三十七歲了，在倫敦這個繁華的都市已經生活了十六年，從一個血氣方剛、充滿理想的青年成長為一個成熟的中年男子。

此時的莎士比亞閱歷豐富，思想成熟，透過種種浮華的表面現象，他清楚看見了社會的黑暗和罪惡。嫉惡如仇、富於人文理想的莎士比亞對這些黑暗和罪惡不可能熟視無睹、無動於衷。再加上生活中遭遇喪子、喪父之痛，也讓他逐漸悟透了人生的許多真諦。

與此同時，多年來創作歷史劇和喜劇所積累的豐富經驗也讓他有足夠的藝術功力去反映社會現實，表達自己深刻的思想。於是，他開始轉向悲劇創作。

在莎士比亞所創作的悲劇當中，有四部以古羅馬歷史為題材的悲劇，它們是《泰特斯 · 安德洛尼克斯》、《凱撒大帝》、《安東尼與克麗奧佩脫拉》和《科利奧蘭納斯》。這四部悲劇在風格和內容上與其他悲劇都有所不同。雖然這四部悲劇在創作時間上跨度很大，但仍然被看做是一個整體，稱為「古羅馬歷史悲劇」。

《泰特斯 · 安德洛尼克斯》是莎士比亞早期創作的一部悲劇，是當時「血與淚」的復仇劇流行的產物。這部悲劇劇情誇張，衝突激烈，散發著濃烈的血腥味，演出時殺氣騰騰的氣氛始終籠罩全場，是一部名副其實的復仇劇。

劇情講的是羅馬大將泰特斯征討哥特人凱旋而歸，並將哥特人的王后塔摩拉及其四個兒子帶回羅馬當人質。他不顧塔摩拉的苦苦哀求，殘忍殺死了她的大兒子祭奠自己二十二個陣亡的兒子。為此，塔摩拉的心中埋下了仇恨的種子。

不久，塔摩拉便因為美貌非凡而被羅馬皇帝薩特尼納斯立為皇后。深得寵幸的塔摩拉開始了她的復仇計畫，她和兒子及奴僕艾倫合謀殺死了皇帝的弟弟，然後將罪名嫁禍到泰特斯的兩個兒子身上。

為挽救被判死刑的兒子，泰特斯受到艾倫的愚弄，砍下了自己的左臂。然而，在兩個兒子血淋淋的頭顱面前，泰特斯終於醒悟。他再次採取了令人毛骨悚然的復仇方法，將塔摩拉的兒子捉住，然後把他們一刀刀肢解，把他們的骨頭磨成粉，與他們的鮮血和肉拌在一起做成餅，用來招待塔摩拉。在塔摩拉津津有味吃餅時，泰特斯說出了真相。

後來，皇帝刺死了泰特斯，泰特斯的兒子路歇斯又殺死了皇帝。作惡多端的艾倫被齊胸活埋在泥土裡。最後，羅馬的人民擁戴路歇斯為國王。

這齣悲劇在製造恐怖場面上是相當成功的，受到了當時觀眾的歡迎，自然也為莎士比亞帶來了一定的名聲。但在藝術水準上，過於華麗的詞藻，衝突的表面化，對人物性格缺乏必要的剖析，讓這部作品只能算是莎士比亞早期的一部習作。

《凱撒大帝》和《安東尼與克麗奧佩脫拉》是兩部劇情相連的作品。羅馬大將凱撒在征戰中屢建戰功，在群眾中樹立了巨大的威信。但同時，他又逐漸成為一個獨裁者。羅馬國王路歇斯等人企圖除掉他，但他們在群眾中缺乏號召力，於是便極力慫恿德高望重的勃魯托斯參加反叛集團。勃魯托斯在經歷了一番激烈的思想鬥爭後，終於在元老院開會時將凱撒刺死。

凱撒死後，他的心腹安東尼在葬禮上以煽動性的演說蠱惑羅馬市民，將勃魯托斯趕出羅馬城。最後，在安東尼、凱撒的侄子奧克泰維斯等人率領軍隊的圍困之下，勃魯托斯自殺身亡。

最後一部羅馬悲劇是《科利奧蘭納斯》。由於傑出的政治才能，羅馬元老院決定推舉科利奧蘭納斯擔任羅馬城的執政官。但科利奧蘭納斯輕視群眾，結果激起了群眾的反對，科利奧蘭納斯被趕出了羅馬城。

科利奧蘭納斯為了報仇，勾結羅馬的敵人伏爾斯人攻打羅馬城。在關鍵時刻，他的母親伏倫尼婭挺身而出，斥責他為個人恩怨損害國家利益的卑劣行為。科利奧蘭納斯最終放棄復仇，羅馬城得以保全。然而科利奧蘭納斯卻難逃脫伏爾斯人的毒手，在科利奧里城，他被亂劍刺死。

在這四部羅馬悲劇中，如果將《泰特斯 · 安德洛尼克斯》比喻成唱戲前的鑼鼓聲的話，那麼《凱撒大帝》就是帷幕被拉開了。而主角的上場，則是於一六〇一年被作為莎士比亞「戲劇詩人之王」王冠上的一顆璀璨奪目的明珠——《哈姆雷特》。

(二)

在莎士比亞所有的悲劇中，《哈姆雷特》是最著名的一部，劇情是關於丹麥王子哈姆雷特為父報仇的故事。

早在十二世紀末，這個故事在丹麥歷史學家薩克遜 · 格拉瑪狄庫斯所寫的一部《丹麥史》中有過記載。一五八〇年，法國作家貝爾福萊在他編寫的一本《奇異故事集》中將這段歷史改寫成一個故事。不久，這本書便在英國翻譯出版了。

莎士比亞的《哈姆雷特》故事藍本一般認為是一五八〇年代戲劇家吉德創作的同名悲劇。吉德的代表作《西班牙悲劇》為悲劇這一劇種創建了一種復仇悲劇的基本模式，莎士比亞受他影響，便用這套模式創作出了這部比吉德的同名劇更為傑出的悲劇。

同時，莎士比亞在創作時也許還想到了自己那不幸夭折的兒子，希望自己的兒子能與這部戲一起永垂不朽，因而用兒子的名字為這部悲劇命名。

《哈姆雷特》一開場便充滿了神祕和恐怖的氣氛，因為守城的士兵經常在晚上看到一個模樣酷似老國王的幽靈在丹麥城堡上空遊蕩。軍官霍拉謝爾是王子哈姆雷特的朋友，他在證實這件事後，馬上告訴給王子哈姆雷特。

哈姆雷特決定晚上與軍官一起到城堡看個究竟，結果看到的幽靈不是別人，正是自己剛剛去世的父親。父親的鬼魂告訴他，自己是被弟弟克勞迪斯害死的，克勞迪斯將一種致命的毒液趁老國王在花園熟睡時滴入他的耳朵，害死了他，然後篡奪王位，並娶了自己垂涎已久的嫂子。

老國王的鬼魂要求王子哈姆雷特為他復仇，這讓哈姆雷特意識到自己肩上責任的重大。以前，哈姆雷特只是個年輕的王子，英俊、正直、善良，曾在德國威登堡大學讀書，在那裡受到人文主義思想的薰陶，對世界、人生形成了一種全新的看法。雖然身為王子，但他卻反對封建等級觀念，主張人與人之間的關係應該平等。

然而，就在他對自己的前途充滿美好的憧憬時，丹麥傳來了讓他大為震驚的消息：他敬愛的父親突然死了，叔叔克勞迪斯篡奪了原本應由他繼承的王位，而他的母親喬特魯德也改嫁給叔叔克勞迪斯。

現在，他看到了父親的鬼魂，還要求自己為他復仇。但父親又對哈姆雷特說，在報仇時不要傷害到他的母親，要讓上帝來裁判她，讓她受到良心的責備。

老國王的鬼魂說完這些話後便消失了。

冷酷的現實讓哈姆雷特遭受巨大的打擊。本來英俊快樂的王子，一下子變得憂鬱起來。但他同時也意識到，為父親復仇不是他個人的事情，而是一件牽扯到國家命運的事情。他害怕自己不小心洩露了祕密，父仇未報身先死，那他不僅對不起父親在天的亡靈，還可能牽扯到全國的百姓。哈姆雷特在劇中有一句著名的台詞：

「這是一個顛倒混亂的時代，唉，倒楣的我卻要負起重整乾坤的責任！」

為此，哈姆雷特對自己深愛的戀人、大臣波洛涅斯的女兒奧菲莉亞故作薄情，甚至還裝出一副瘋瘋癲癲的樣子，這樣既能使克勞迪斯無法把握他復仇的真實意圖，以此掩蓋自己的復仇計畫，還可以藉瘋言瘋語試探對方，尋找復仇的時機。

揭幕
——To be or not to be；that's 莎士比亞

(三)

雖然哈姆雷特每天裝瘋賣傻，但狡猾的叔叔克勞迪斯還是對他充滿了懷疑，認為哈姆雷特是在裝瘋。他懷疑哈姆雷特已經知道自己陰謀篡位的事實了。

於是，克勞迪斯就命令大臣波洛涅斯去刺探哈姆雷特內心的祕密，還派人找來哈姆雷特以往的兩個老同學羅森格蘭茲和吉爾登斯吞，命令他們陪伴在王子周圍，想辦法弄清哈姆雷特內心的真實想法。

但是，克勞迪斯的伎倆被聰明的哈姆雷特識破了。新王在刺探他，他也在刺探新王，想驗證一下父親鬼魂的話是不是真的。

哈姆雷特是一個非常機智而熱愛思考的王子。面對社會的罪惡，他竭力想認識社會、認識人生。他思考著人應該如何生活，如何消除社會罪惡、實現理想等。在劇中，他有六段長篇的獨白，表現出了他的深刻思考。

下面就是哈姆雷特那段著名的探索人生意義的獨白：

生存還是毀滅，這是一個值得考慮的問題；默然忍受命運暴虐的毒箭，或是挺身反抗人世無涯的苦難，透過鬥爭把它們掃清，這兩種行為，哪一種更高貴？……

誰願意忍受人世的鞭撻和譏嘲、壓迫者的凌辱、傲慢者的冷眼，被輕蔑的愛情的慘痛、法律的遷延、官吏的橫暴和費盡辛勤所換來的小人的鄙視，如果他只要用一柄小小的刀子就能清算他自己的一生？

誰願意負著這樣的重擔，在煩勞的生命壓迫下呻吟流汗，倘不是因為懼怕不可知的死後，懼怕那從來不曾有一個旅人回來過的神祕之國。是它迷惑了我們的意志，使我們寧願忍受目前的折磨，不敢向我們所不知道的痛苦飛去？這樣，重重的顧慮使我們全變成了懦夫，決心的赤熱的光彩，被審慎的思維蓋上了一層灰色，偉大的事業在這一種考慮之下，也會逆流而退，失去了行動的意義。

哈姆雷特一面在思考這些社會問題，同時也在積極尋找行動的機會。恰好這時，一個流動的戲班子進宮演出，哈姆雷特便現編了一些台詞和情節，讓一個演員朋友藉演戲機會上演一齣陰謀殺兄、娶嫂、篡位的戲，並讓自己的好友赫瑞修在旁邊仔細觀察新王克勞迪斯的反應，而哈姆雷特則遠遠躲在戀人奧菲莉亞的旁邊。

果然，新王克勞迪斯看了這齣戲，尤其是聽了哈姆雷特現編的那段台詞後顯得坐立不安，最後竟然倉皇退席了。這一下，哈姆雷特對父親鬼魂說的話的懷疑完全消失了。他確信：克勞迪斯就是殺害父親、篡奪王位的兇手。

在克勞迪斯的授意下，王后將哈姆雷特召到宮中談話。王后喬特魯德責備兒子「已經大大得罪了你的父親」，而哈姆雷特則反譏母親這麼快就忘記了父親，迫不及待嫁給叔叔。他還把一面鏡子放在母親面前，叫她好好照照自己的靈魂。

王后以為哈姆雷特要殺她，嚇得驚叫起來。而這時，被克勞迪斯克派去探聽情況的大臣波洛涅斯正躲在幃幕後面偷聽。聽到王后的尖叫，他也嚇得失聲叫了出來。

哈姆雷特以為躲在幃幕後面的就是新王克勞迪斯，一劍刺穿了帷幕，企圖殺死新王，結果卻把躲在後面的波洛涅斯刺死了。

揭幕
——To be or not to be；that's 莎士比亞

哈姆雷特的做法讓克勞迪斯由擔心、懷疑變成恐懼。他無法再忍受危險的哈姆雷特，決定立刻除掉他。克勞迪斯設計了一個陰謀：讓哈姆雷特到英國去，並讓陪伴哈姆雷特到英國去的兩個人帶一份公文給英國國王。

事實上，克勞迪斯是想讓那兩個人陪哈姆雷特到英國索要貢奉，然後藉英王之手處死哈姆雷特。在船上，哈姆雷特偷拆了公文，發現了這個陰謀。他將計就計，又重新寫了一封公文，要英國國王把那兩個送公文的人處死。

第二天，他們的船碰巧遇上了海盜，哈姆雷特則跳上海盜的船回到了丹麥。

這時，正在法國讀書的雷歐提斯——波洛涅斯的兒子聽說父親的死訊後，也返回丹麥，要為父親報仇。在克勞迪斯的唆使和欺騙下，雷歐提斯要與哈姆雷特決鬥。而奧菲莉亞經受不住父親去世、情人遠離的打擊，終至神經失常，不幸落入水中淹死了。

哈姆雷特回到丹麥後，正好看到奧菲莉亞的葬禮舉行。雷歐提斯見到哈姆雷特後，兩個人發生了廝打。心懷叵測的國王趁機誘使他們比劍，並在雷歐提斯的劍上塗了毒藥；還準備了一杯毒酒，陰謀使哈姆雷特死在劍下或飲毒酒命亡。

在比劍過程中，哈姆雷特占據上風，國王假意高興賜酒給他。王后不知酒中有毒，竟代哈姆雷特喝下那杯毒酒，倒在地上。

哈姆雷特一分神，雷歐提斯一劍刺中了哈姆雷特。哈姆雷特又奪過雷歐提斯的劍，用這把有毒的劍刺中了雷歐提斯。

這時，王后毒性發作，倒在地上死去。奄奄一息的雷歐提斯在生命的最後一刻也看清了克勞迪斯的陰險狠毒，當眾揭發了克勞迪斯的陰謀。哈姆雷特立刻舉起那把毒劍，刺死了克勞迪斯。

最後，雷歐提斯和哈姆雷特也都因中毒死去。在臨死前，哈姆雷特要求他的好朋友赫瑞修將他的故事告訴世界上的人們。

莎士比亞所創作的《哈姆雷特》這部悲劇，劇情雖然寫的是中世紀的丹麥，但劇中所描寫的種種政治腐敗、矛盾重重、危機四伏的政治環境，卻是十六世紀末十七世紀初英國在伊莉莎白統治末期的社會現實。因此，這部戲劇實際上也反映了先進的人文主義者與封建黑暗勢力之間的矛盾衝突。

在這部戲劇當中，哈姆雷特是一個先進的人文主義者形象。他的任務不僅是為父親報仇，還要「重整乾坤」，即按照人文主義者的理想來改造世界。從這個意義上來說，哈姆雷特雖然殺死了克勞迪斯，為父親報了仇，但他重整乾坤的任務並沒有完成。在臨死之前，他也對赫瑞修說，這還是一個「冷酷的人間」。

一六〇三年，也就是伊莉莎白時代結束的那一年，《哈姆雷特》一書由莎士比亞的同鄉菲爾德印刷出版，當即擺在了倫敦各大書店的書架上。

當莎士比亞所在的「政務大臣」劇團於一六〇三年二月到女王座落在瑞奇蒙德的行宮作御前演出時，女王已經身患重病。到了三月下旬，女王的病情急轉直下。三月二十四日，伊莉莎白一世結束了她叱吒風雲的一生，統治了英國一百一十八年之久的都鐸王朝也隨之宣告結束。

揭幕

——To be or not to be；that's 莎士比亞

第十五章　受到皇室恩寵

無瑕的名譽是世間最純粹的珍寶。失去了名譽，人類不過是一些鍍金的糞土、染色的泥塊。

——莎士比亞

揭幕
——To be or not to be；that's 莎士比亞

(一)

伊莉莎白女王去世後，樞密會議推舉蘇格蘭國王詹姆士登位。這樣一來，上層社會普遍關心的王權繼承問題終於得到了解決。伊莉莎白女王死後，許多人都寫下無數的悼詩，但莎士比亞卻沒有留下一句致哀的詩。

詹姆士一世雖然是個男子，但卻沒有伊莉莎白的魄力，也沒有王者的威儀。他的雙腿軟弱，沒有旁人的扶助甚至不能行走。因此在登位之後，他也沒有給英國人民帶來安定的生活。

一六〇五年十一月，詹姆士一世在主持新議會的開幕式時，一群天主教陰謀分子在會議大廳的地窖裡安放了一桶炸藥，企圖在國王出現時引爆，炸死國王。但由於一件偶然的事故，導致此次陰謀敗露，詹姆士一世倖免遇難。

這已是短時期內發生的第二次陰謀事件了。莎士比亞在後來創作的戲劇《李爾王》中，藉人物的台詞發出了這樣的感嘆：

「親愛的人互相疏遠，朋友變成陌路，兄弟化為仇人；城市裡有暴動，國家發生內亂，宮廷之內潛藏著逆謀……」

不過，詹姆士一世卻十分喜好文藝，也因此給英國帶來了二十二年持續不斷的文藝繁榮。在登基後不久的一六〇三年五月十九日，他就向莎士比亞以及其他劇團演員表示出一種不同尋常而彌足珍貴的支持。他特地用皇家信箋發給他們一紙專利憑證，准許他們「自由運用悲劇、喜劇、歷史劇、插曲劇、道德劇、田園劇等表演藝術形式，以及其他他們所嫻熟的戲劇形式，今後得以此等表演來娛樂朕以及朕的

第十五章 受到皇室恩寵

(一)

忠心臣屬」。

這項聖旨中所提到的演員名字只有九個，排名第一的是勞倫斯 · 福萊柴爾。他早在一五九九年與一六〇一年時就在蘇格蘭為詹姆士一世演戲了。排名第二位的是莎士比亞，接著是博比奇、奧古斯汀、菲利斯、約翰、海明、亨利等。

與此同時，詹姆士一世還將莎士比亞所在的「政務大臣」劇團改名為「國王供奉」劇團；它的競爭對手「海軍大臣」劇團也改名為「威爾士親王」劇團。此後，「國王供奉」劇團的所有演員，當然也包括莎士比亞在內，都被錄入到宮廷僕從的名單當中。每逢節日，他們要按照規定穿上與宮廷僕人一樣的鮮紅色坎肩、褲子和披風。

此後，「國王供奉」劇團經常有機會到宮廷當中演出，每年都超過二十場，演員的收入也比以前有了大幅增長，莎士比亞因此也收入頗豐。對於莎士比亞家族來說，這的確是一件榮耀的事。

皇室的恩寵令莎士比亞所在的劇團成為全英國最顯赫的劇團，而且這種情況一直都沒有匹敵，直至詹姆士統治時代結束。以前有政務大臣的支持，劇團已經受之不盡；現在更是在國王的直接恩寵之下，受用之處自然更多了。詹姆士一世平均每年看戲的時間為伊莉莎白女王的五倍，其中多半都是由莎士比亞的劇團獻演的。

揭幕
——To be or not to be；that's 莎士比亞

(二)

新王詹姆士一世加冕，也令大批的遊客於一六〇三年初夏紛紛湧入倫敦，客棧和戲院都日日擠滿了新客人。然而，在享受看戲帶來的快樂時，人們都忽略了一個事實，那就是人滿為患的倫敦城裡，瘟疫再一次潛生暗長。

天氣漸漸熱了，疫病肆虐愈厲，最後當局不得不於七月十三日將瘟疫令下達到倫敦各教區中。

到了仲夏，倫敦幾乎成為鬼城，劇院也全部關閉，「國王供奉」不得不開始了漫長的巡迴演出，最遠北達科芬特里，最西則抵達巴斯。到十一月底之前，他們才返回倫敦。當他們到達薩里的莫特雷時，接到了要他們到詹姆士一世御前演出的消息。

表演結束後，詹姆士賞賜給「國王供奉」劇團的人三十磅，這在當時可是極為優厚的賞賜了。

這年的耶誕節期間，詹姆士又在漢普敦宮慶祝聖誕，莎士比亞的劇團一如既往為詹姆士演出，一共在詹姆斯御前演出四次，在亨利王子殿前演出兩次。

一六〇四年三月，倫敦的瘟疫漸漸消失。這時，英國與西班牙的戰事也即將結束，西班牙派卡斯蒂爾將軍前來英國談和。

卡斯蒂爾將軍雖然帶來了大批的扈從，但英國方面還是幫他準備好了許多本地的侍從。一些「好性而高尚的人們」被選中，其中有包括莎士比亞在內的十二名戲劇演員。

可惜的是，卡斯蒂爾將軍不懂英文，要不然國王的演員們一定可以為他獻上幾場好戲。既然不懂英文，就不能安排為他演戲了，因此英廷只為他安排了犬熊格鬥和空中飛人的消遣。而那些選中的演員們也只能在宮內候遣。

西班牙大使們在倫敦過得非常舒坦，每天環城觀光、大量購物，珠寶商們的店鋪都開到了通往西班牙大使居住的索寞西宮了。

和談結束後，一六〇四年八月二十五日，英西兩國簽訂了和約，西班牙大使終於離開倫敦，英、西兩國也終於達成了和平。

莎士比亞與其他十一位演員同仁在索寞西宮從八月九日一直服務到二十七日。這似乎是他們第一次、也是最後一次充任國王宮廷內侍。此後，直到詹姆士統治時代終了，他們的工作也只限於演戲。

西班牙大使剛剛離開英國，英國王宮就開始為一六〇四年的聖誕做準備了，因為詹姆士一世迫不及待想看戲，所以決定打破傳統，不在耶誕節那天開演，而是從十一月一日就開始聖誕季。當然，全季開鑼戲的光榮自然是非「國王供奉」劇團莫屬，而這次的開場戲定的是莎士比亞創作的《奧賽羅》。

揭幕
——To be or not to be；that's 莎士比亞

(三)

《奧賽羅》是莎士比亞戲劇中唯一一部以當時文藝復興時期為背景的家庭關係劇，劇中既沒有鬼怪或精靈等超自然因素攙在裡面，也沒有象徵，從頭到尾都是現實，反映了文藝復興時期深刻的社會矛盾。

這個劇本主要取材於義大利小說家欽齊奧的故事集《百則故事》中的《威尼斯的摩爾人》。故事講述了一個嫉妒心很強的摩爾人，因為輕信部下的讒言而將自己清白無辜的妻子殺害。原故事非常簡單，除了苔絲狄蒙娜之外，其他人物都沒有姓名。

莎士比亞改編了這個充滿血腥的老故事，在其中塑造了幾個栩栩如生的人物，令這個故事更加生動真實。

故事中的奧賽羅是威尼斯公國的一員驍勇善戰的大將。他雖然是摩爾人，但品格高尚，在戰場上更是所向披靡，因此很受威尼斯元老院的器重。

勃拉班修是一位德高望重的元老。他經常邀請奧賽羅去他家中做客，請他講述種種富有傳奇色彩的冒險經歷。奧賽羅的故事深深吸引了元老的女兒苔絲狄蒙娜。

苔絲狄蒙娜是勃拉班修唯一的女兒，美麗、聰慧，因此也吸引許多貴族青年向她求婚。但苔絲狄蒙娜的眼中只有奧賽羅，認為奧賽羅才是真正的英雄。只是兩人地位懸殊，苔絲狄蒙娜知道父親一定不會同意這樁婚事的，因此她瞞著父親偷偷與奧賽羅舉行了婚禮。

奧賽羅手下有一個名叫伊阿古的人。他表面誠實、殷勤，其實是個陰險的小人。奧賽羅在選副將時，沒有選中他，而是選中了比他年輕的軍官凱西奧。這件事讓伊阿古對奧賽羅懷恨在心，準備伺機報復奧賽羅。

當他得知奧賽羅與苔絲狄蒙娜私下結婚的消息後，認為報復的機會來了。他慫恿一個垂涎苔絲狄蒙娜美貌和財富的無賴羅德利哥將這消息告訴勃拉班修。勃拉班修聽到這個消息後，立即向元老院控告奧賽羅，認為奧賽羅誘惑了他的女兒，並要求元老院嚴懲奧賽羅。

可是，元老院認為奧賽羅和苔絲狄蒙娜是真心相愛，結婚並沒有什麼不對，勃拉班修只得無可奈何同意了女兒的婚事。

正在這時，傳來了土耳其艦隊正向威尼斯公國屬地賽普勒斯侵犯的緊急情報，公爵當即任命奧賽羅為賽普勒斯總督，出征抵抗土耳其人的進攻。深明大義的苔絲狄蒙娜決定與奧賽羅一起前往。

伊阿古見破壞婚事不成，便又捏造稱奧賽羅的副將凱西奧與苔絲狄蒙娜有姦情。一方面，他破壞了凱西奧的名譽，令奧賽羅免去了凱西奧的職務；另一方面，他又讓他的妻子艾米利亞慫恿苔絲狄蒙娜為凱西奧在奧賽羅面前說情。

同時，伊阿古還製造了一些似是而非的場景和事件，讓奧賽羅相信苔絲狄蒙娜的確對丈夫不忠。天真善良的苔絲狄蒙娜自然沒有意識到自己已陷入一個陰謀之中，仍在奧賽羅面前竭力為凱西奧求情。

就這樣，伊阿古一步步用懷疑和嫉妒毒害了奧賽羅高尚的靈魂，而他不僅當上了副將，還獲得奧賽羅的認可而刺殺了凱西奧。雖然奧賽羅深愛著妻子苔絲狄蒙娜，但伊阿古不斷在他耳中灌輸懷疑的話語，最終奧賽羅的危險思想就像「硫礦一樣轟然爆發」，他親手掐死了無辜的妻子苔絲狄蒙娜。

揭幕
——To be or not to be；that's 莎士比亞

這時，人們把受傷的凱西奧抬了進來，艾米利亞也進來看到了被掐死的苔絲狄蒙娜。她終於明白，是自己的丈夫伊阿古用詭計害死了貞潔的苔絲狄蒙娜。

善良的艾米利亞不顧丈夫的恫嚇，當眾揭露了伊阿古的陰謀，被刺傷的凱西奧也澄清了事情的真相。伊阿古氣急敗壞，拔劍刺死了自己的妻子。

而懊悔萬分的奧賽羅也拔劍自刎，倒在苔絲狄蒙娜的身邊。在彌留之際，他說道：

「我在殺死你以前，曾經用一吻和你訣別；現在，我自己的生命也在這一刎裡終結。」

在《奧賽羅》這部悲劇中，莎士比亞以其天才般的洞察力，將時代的矛盾與悲劇凝聚在兩個對立的主角——奧賽羅與伊阿古身上。一個真誠、正直、善良的人，最終被一個陰險、狡詐的小人所挫敗，揭示出了人文主義者所嚮往的人與人之間真誠相待的理想與黑暗、虛偽、奸佞的惡勢力之間的矛盾。

《奧賽羅》是莎士比亞三部以愛情為主題的悲劇之一（另外兩部是《羅密歐與茱麗葉》和《安東尼與克麗奧佩脫拉》）。就劇情結構來說，《奧賽羅》可以算的上是莎士比亞最為完美的一齣悲劇了。

第十六章 《李爾王》與《馬克白》

虛榮是一件無聊的騙人的東西。得到它的人，未必有什麼功德；失去它的人，也未必有什麼過失。

——莎士比亞

揭幕
——To be or not to be；that's 莎士比亞

(一)

一六〇五年初，英國遭遇到惡劣的天氣，病魔肆虐。同年五月，莎士比亞的同事和老朋友奧古斯汀 · 菲力浦斯不幸去世。他是「國王俸祿」劇團的元老了，他的去世，令莎士比亞非常傷心。

這年的九月，倫敦又出現了月偏蝕和日全蝕，這更加令人不安。在這種境況下，莎士比亞開始創作他另一部優秀的悲劇——《李爾王》。

關於李爾王的故事，早在十二世紀的一本《不列顛王國史》中就已經出現了，此後又出現在十五世紀非常流行的一本故事集《羅馬人的偉績》中。在莎士比亞之前，已經有幾十個人寫過這個故事了，但影響都不大。而莎士比亞的改編卻化腐朽為神奇，令這個古老的故事變成為一部不朽的藝術珍品。

故事發生在古代的不列顛王國。老國王李爾因年邁力衰，決心擺脫一切事務，將國家交給年輕人去治理。國王有三個女兒，他準備把國土分成了三部分，然後將三個女兒——奧本尼公爵夫人高納里爾、康華爾公爵夫人里根和待嫁的寇蒂莉亞叫到跟前，讓她們用語言來表達對自己的愛。國王打算根據她們對自己愛的程度，來分配給她們每人應得的那份國土。

長女和次女用盡一切花言巧語表達自己對父親的愛，結果都分得了廣袤富庶的土地。而最忠愛他的小女兒卻說：

「我是個笨拙的人，不會把我的心裡話都掛在嘴上，我愛您只要按照我的名分，一分不多，一分不少。」

第十六章《李爾王》與《馬克白》（一）

當李爾王警告她時，她仍然說：

「父親，您生下我，把我養大，教育成人，愛惜我，厚待我，我受到您這樣的恩德，只有恪守我自己的責任，服從您，愛您，敬重您。我的姐姐們要是用她們的整個心來愛您，那麼她們為什麼還要嫁人呢？要是有一天我出嫁了，那接受我的忠誠誓約的丈夫，將只能得到我一半的愛、一半的關心和責任；假如我只愛我的父親，我一定不會像我的姐姐們那樣再去嫁人了。」

可是，小女兒的這番肺腑之言不但沒有獲得認可，還引起了脾氣暴躁、剛愎自用的李爾王的滿腔怒火。在盛怒之下，他把應屬於寇蒂莉亞的那部分國土分給了長女和次女，剝奪了誠實率直、不會取悅父親的小女兒的一切權利，並宣布和寇蒂莉亞斷絕父女關係。

李爾王當著全體朝臣的面宣布：將他的行政、稅收等所有大權全部交給他的兩個大的女兒女婿，並賜給他們皇冠，自己僅保留國王的尊號，保留一百名騎士做侍從，由兩個女兒女婿供奉，每月輪流住在她們的家裡。

眾臣都對李爾王的舉動感到震驚，忠心耿耿的大臣肯特伯爵挺身而出，為寇蒂莉亞聲辯。這讓李爾王更加生氣，他下令放逐了這個敢於直言的忠臣。

同時，向寇蒂莉亞求婚的勃艮第公爵見寇蒂莉亞已經失去了李爾王的寵愛，出嫁時什麼妝奩也不會有了，趕緊放棄求婚，溜之大吉；而同樣向寇蒂莉亞求婚的法蘭西國王卻看重寇蒂莉亞的美德，堅持要將善良的寇蒂莉亞娶回法蘭西做皇后。

寇蒂莉亞在準備跟隨法蘭西國王回法蘭西時，與親人一一告別，並叮囑兩個姐姐要遵守她們的諾言，善待父親。

(二)

不久，輪流住在兩個女兒家中準備安享晚年的李爾王就遭到了原形畢露的兩個女兒高納里爾和里根的無情訓斥。李爾王住在高納里爾家的第一個月，她之前那阿諛奉承的笑臉便消失得無影無蹤。她將父親視為累贅，更將他的一百名侍從看成是浪費，提出要減少一半侍從；她還指使僕人故意怠慢李爾王。這一切讓李爾王感到非常傷心和失望。

忠實的肯特伯爵不忍看到老國王遭受欺辱，化名為卡厄斯，喬裝成僕人陪伴在李爾王左右。不久，李爾王懷著莫大的希望準備從大女兒宮中轉住到二女兒里根的宮裡。他先派卡厄斯去報信，希望二女兒能有時間準備一下。

可是，當他到達里根的宮裡時，看見的卻是卡厄斯被戴上腳枷的情景，而二女兒和二女婿更是拒絕見他。原來，兩姐妹已經串通一氣，她們甚至提出要解散李爾的侍從。

兩個女兒的惡毒做法深深傷害了李爾王的心，他開始神經失常，並發誓要向不孝的女兒復仇。

李爾王有一位名叫葛羅斯特伯爵的重臣。他有兩個兒子——合法的大兒子愛德加和私生的小兒子愛德蒙。為篡奪家產，陰險的愛德蒙一面仿照哥哥的的筆跡偽造了一封愛德加企圖謀害父親、霸占家產的信，一面又騙愛德加潛逃以避開父親的責怪。他還假裝為保護父親而與愛德加決鬥，令葛羅斯特伯爵相信了他的謊言，恨不得立刻殺死愛德加。

揭幕
——To be or not to be；that's 莎士比亞

可憐的愛德加為保全性命，只好背著弒父的罪名，喬裝成乞丐逃到荒原中到處流浪。在荒原上，他遇到了瘋癲的李爾王。

葛羅斯特伯爵對李爾王的兩個女兒不盡孝道的行為實在看不下去了，而且他還聽到了高納里爾和里根密謀弒父的消息。他立刻悄悄把這個祕密告訴肯特，讓肯定想辦法把李爾王送到多佛。

雖然李爾王被肯特救走了，可葛羅斯特伯爵卻被霸占財產的小兒子愛德蒙出賣，被里根及其丈夫康華爾公爵抓住，甚至被殘忍的剜去雙眼。並且他們還告訴他，出賣他的不是別人，正是他的庶子愛德蒙。葛羅斯特這才頓悟過來，知道自己錯怪了大兒子愛德加。

小女兒寇蒂莉亞在得知父親的不幸遭遇後，憤怒的起兵討伐兩個姐姐，然而不幸失敗被俘，心狠手辣的愛德蒙下令吊死了她。看到心愛的小女兒的屍體，李爾王也在悲痛瘋癲中傷心死去。

然而，高納里爾和里根卻同時愛上了陰險的愛德蒙。為此，兩人互相嫉恨。康華爾公爵剛剛被一位侍從殺死，里根就宣布要與愛德蒙結婚。高納里爾得知消息後，惱羞成怒，暗中下毒藥毒死了妹妹里根。

愛德加得到了一封高納里爾寫給愛德蒙的信，信中叫愛德蒙殺死她的丈夫奧本尼公爵，然後與她結婚。愛德加把這封信交給奧本尼公爵，奧本尼公爵非常憤怒，將高納里爾關進了監牢。由於絕望，高納里爾在獄中自殺而死。

愛德加又揭穿了愛德蒙的險惡用心，並與他決鬥。在決鬥中，愛德加終於殺死了愛德蒙。

最後，在肯特和愛德加的輔佐之下，奧本尼公爵恢復了不列顛的統一和安定。

《李爾王》雖然取材於古代英國的歷史，但卻折射出了當時社會的現實，揭示了那個時代殘酷陰暗的一面。

在這部戲劇中，李爾王被刻畫得非常富有變化性。隨著劇情的發展，李爾王也在發生變化，觀眾對他的態度也在變。杜勃羅留夫曾評價李爾王說：

「對於這個毫無約束的專制暴君，開始我們覺得痛恨；可隨著劇情的發展，我們越來越將他當成一個人加以諒解；而到了最後，我們已經不是對他，而是為了他，為了整個世界——對那種甚至能夠將李爾王這樣的人也引到無法無天的野蠻而缺乏人性的環境，充滿了不滿和熾烈的憎惡了。」

揭幕
——To be or not to be；that's 莎士比亞

(三)

在英國歷史上，企圖刺殺英國君王的事件屢見不鮮。一六〇五年，詹姆士一世就曾遭遇一群天主教陰謀分子製造的火藥爆炸案。雖然結果有驚無險，但卻使國王詹姆士和英國老百姓留下了深刻的印象。

在莎士比亞的家鄉，就有一夥以羅伯特 · 凱茨為首的狂熱的天主教鄉紳。詹姆士一世上台後，未能給予天主教堂約定的一些特權，還下令迫害天主教堂。因此，這些人便策劃了這起爆炸案，企圖炸死國王、王后和大批國會議員，然後在英格蘭中部起事，挾持王子和公主改變國策。

但是，他們其中的一個人偷偷寫信告訴了朝廷重臣羅伯特 · 塞西爾。塞西爾見事關重大，馬上將信呈給詹姆士一世。詹姆士一世大驚失色，嚇得冷汗直流，因為他的父親就是在他兩歲時被炸藥炸死的。他立即下令全城搜捕陰謀分子。

最終，主謀羅伯特 · 凱茨因拒捕被擊斃，策劃、看守在炸藥現場的主謀蓋伊 · 福克斯當場被逮捕處死。

這件事發生在一六〇五年十一月五日英國議會開幕前夕。因此，此後的十一月五日便因福克斯而成為一個節日，孩子們在這天晚上都紛紛燃放煙火，焚燒福克斯的畫像。

這場爆炸案發生後，倫敦上下一片恐慌。莎士比亞翻閱了霍林希德的《英格蘭、蘇格蘭與愛爾蘭編年史》中蘇格蘭的部分，找到了一個關於蘇格蘭權貴刺殺國王篡位的故事，覺得正好可以安慰驚恐的國王，認為刺殺國王的人都沒有什麼好下場。一六〇六年，他將這個故事改頭換面，改編成為一出上乘的悲劇《馬克白》。

劇本的演出獲得了巨大的成功。國王詹姆士一世一直微笑著看完全劇，無疑，他認為自己與劇中的老國王鄧肯一樣，是具有公平、正直、慷慨、謙遜等品質的理想君王的化身。然而觀眾們在看完戲之後卻開始思考：國家大權到底該交給什麼樣的人？他們的這位新國王合格嗎？

《馬克白》一開場，蘇格蘭國王鄧肯在叛軍的進攻之下顯得心情煩躁，不久，他手下的大將馬克白和班柯從前線傳來的捷報才讓他的心稍微寬慰一些。他們首先打敗了叛軍麥克唐彼得的進攻，然後又挫敗了挪威國王陰謀發動的進攻，挪威國王賠款求和。

當馬克白和班柯平定了叛亂，在凱旋途中遇見了三位長相怪誕的女巫。她們穿的衣服不倫不類，而且都長著鬍子。馬克白和班柯停住馬向她們問路，三個女巫卻突然怪模怪樣向馬克白道起喜來，並說了三句預言：

「萬福，馬克白！祝福你，格萊密斯爵士！」

「萬福，馬克白！祝福你，考特爵士！」

「萬福，馬克白！祝福你，未來的國王！」

同時，她們還對班柯說了三個預言：

「比馬克白低微，可你的地位在他之上。」

「不像馬克白那麼幸運，可你比他有福。」

「你雖然不是君王，可你的子孫將要君臨一國。」

馬克白感到十分驚訝：「格萊密斯爵士」是他父親死後他所得到的

稱號，女巫怎麼會知道的呢？而「考特爵士」的稱號，他從來沒有得到過；至於「未來的國王」，更令他難以置信，因為現任的國王有兩位王子呢！

還沒等馬克白明白怎麼回事，女巫們就像「大地上的泡沫」一樣消失了。

正當兩位將軍發愣時，國王鄧肯派來迎接他們的信使來了。而信使的到來也證實了女巫的第一個預言：為了獎賞馬克白的戰功，國王將叛臣考特爵士的頭銜封給馬克白。

女巫的第一個預言實現了，這喚起了馬克白強烈的權力欲，也激發了他內心勃勃的野心。馬克白是國王的表弟，為國家立過很多功勞，在國內地位顯赫。鄧肯死後，他是有機會嗣位的。

可見過國王後，馬克白的希望一下子就變成了泡影，因為鄧肯班師回朝後，宣布大兒子瑪律康為儲君，冊封為肯勃蘭親王，將來繼承王位。

失望的回到自己的城堡後，馬克白將女巫的三個預言和第一個預言已經實現的事告訴了妻子。馬克白夫人是個心狠手辣、野心勃勃的女人，比馬克白更有野心。她不斷慫恿馬克白奪取權位，這再一次激發了馬克白弒君的野心。

這時，國王鄧肯為表示對馬克白的嘉獎，帶著兩個王子來他的城堡作客。馬克白夫人表面上對國王裝得非常殷勤，但卻準備趁這個機會把國王殺了。

晚上，她極力慫恿馬克白去殺掉國王。馬克白十分猶豫，他覺得鄧肯國王秉性仁慈，處理國政也從未有過過失。要是殺了他，他生前的美德就會像「天使一般發出喇叭一樣清脆的聲音，向世人昭告我的弒君重罪」。

馬克白夫人見丈夫下不了決心，便採用激將法，罵他是懦夫，缺乏一個男子漢應有的勇氣。馬克白禁不住妻子的慫恿，終於鼓足勇氣，偷偷溜進國王鄧肯熟睡的房間，用衛兵的刀將鄧肯殺了。

馬克白嚇得心驚肉跳，倒是馬克白夫人比較冷靜。她把馬克白行兇的刀塞到侍衛的枕頭底下，又把鮮血塗在熟睡的士兵身上，然後回到房間裡去洗手。

第二天，大臣麥克德夫來叫醒國王，發現國王已被人殺害了。馬克白夫婦裝出十分悲痛的樣子，而國王的兩個侍衛兵滿身是血，神色驚慌的站在一旁，嚇得一句話也說不出來。馬克白裝出氣憤的樣子，將兩個侍衛殺掉了。兩位王子見父親被殺，自知身陷險境，趁著慌亂逃走了。瑪律康王子逃到英格蘭，道納本王子逃往愛爾蘭。

國王死了，王子又逃走了，馬克白以血統相近的繼承者資格加冕當上了國王。女巫的預言又一次實現了。

(四)

女巫的三個預言已經應驗兩個了，但馬克白卻無法忘記女巫的另一個預言，那就是他的王位不是由自己的子孫而是班柯的子孫來繼承。他不能忍受這樣的結果，決定把班柯也除掉，用馬克白自己的話來說就是：

「以不義開始的事情，必須用罪惡使它鞏固。」

於是，馬克白舉辦了一次盛大的宴會，把所有的貴族大臣都邀請來參加，自然也要邀了班柯父子。但他卻暗地安排刺客埋伏在班柯前來的路上，殺死了班柯。所幸的是，班柯的兒子趁著夜黑月暗逃走了。

殺死班柯後，馬克白難以承受巨大的精神壓力，眼前常常出現班柯滿身是血的鬼魂，還對他搖著血汙的長髮。馬克白經常嚇得臉色發白，喃喃自語。

馬克白把他所看見的東西告訴妻子，妻子也驚慌起來。馬克白決定第二天天一亮就去找女巫，詢問未來的凶吉。

第二天，馬克白來到女巫的山洞，要她們告訴他未來的禍福。女巫操縱的幽靈說：

「你要特別當心麥克德夫。」

「沒有一個婦人所生下的人能夠傷害馬克白。」

「馬克白永遠不會被打敗，除非有一天博南的樹林會衝著他向鄧西涅的高山移動。」

馬克白一聽，終於放下心來，博南的森林怎麼可能向高山上移動呢？

最後馬克白又問女巫，班柯的子孫會不會成為蘇格蘭的國王？女巫們大聲高叫，忽然八個穿著國王服裝的人影一個個登場，班柯的鬼魂緊跟其後，用手指著他們。

馬克白明白，這些都是班柯的子孫。他彷彿被當頭潑了一盆冷水。忽然，女巫和鬼魂一起消失了。

馬克白回到宮廷後，立即派人去抓麥克德夫。但他的命令晚了一步，麥克德夫已經逃到英格蘭去了。馬克白盛怒之下，叫人把麥克德夫一家全都殺死，包括還在襁褓中的嬰兒。

馬克白的殘忍暴行引起了蘇格蘭臣民極大的不安和反感。貴族們紛紛逃亡，馬克白到了眾叛親離的境地。

麥克德夫逃到英格蘭後，找到瑪律康王子，希望他能夠討伐馬克白，拯救暴君統治下的蘇格蘭。

在麥克德夫和瑪律康的對話中，莎士比亞也表達了自己對理想君王的要求和對待暴君的態度。理想的君王應該具有「公平、正直、節儉、堅毅、仁慈、謙恭、寬容、勇敢」的品質，這無疑是人文主義者美好的理想；而那些「嗜殺、驕奢、貪婪、虛偽、欺詐、狂暴、兇殘」的暴君，莎士比亞透過麥克德夫之口說道：

「這樣的人是不該讓他留在人世的。」

瑪律康王子和麥克德夫率領的英格蘭軍隊打回蘇格蘭，軍隊向馬克白的駐地——鄧西涅高地進發。為了隱匿全軍人數，瑪律康王子命令每一位戰士都砍下一根樹枝舉在面前，然後整個部隊緩緩向前移動，看起來就像一片樹林在向前移動一樣。而使者在向馬克白報告時，也稱是博南的樹林在向鄧西涅高山移動過來。

馬克白得到這個消息後，大驚失色，慌忙應戰。最後他遇到了麥克德夫，馬克白輕蔑的對麥克德夫說，凡是婦人生的人都傷害不了他。但麥克德夫告訴馬克白，自己是未足月時從母親的腹中剖腹取出來的，不是生下來的。

馬克白最後的精神支柱被摧毀了，他一下子失去了作戰的勇氣，被麥克德夫殺死了。最後，麥克德夫擁立瑪律康為蘇格蘭的國王。

《馬克白》全劇都彌漫著一種可怕的氣氛，但主題卻非常鮮明：表現野心、貪欲對人性的扼殺；一個有所作為的英雄一旦產生了個人野心，不僅會自我毀滅，還會禍國殃民。

在戲劇的一開始，馬克白是一位馳騁疆場的勇士，一位忠君愛國的將領。但由於女巫的預言和妻子的慫恿，他的權力欲望被誘發出來，最終勃勃的野心讓他殺死了鄧肯國王，篡奪王位。

為了鞏固自己的王權，他又進行了一連串的屠殺。頻繁殺人，也讓馬克白的心腸變得越來越硬、越來越狠毒，直至最後變成一個毫無人性的暴君。

需要指出的是，歷史上的真實人物馬克白與莎士比亞筆下的馬克白形象不完全一致。歷史上的馬克白原是蘇格蘭貴族的兒子，大約在一四〇四年領導了反對蘇格蘭國王鄧肯的一次叛亂。鄧西涅一戰，馬克白獲勝，成為蘇格蘭國王。史書記載，馬克白統治時期，蘇格蘭繁榮安定，馬克白也算得上是一位英明有為的國王。但後來舊王室勢力捲土重來，馬克白被殺。

兩相對照，莎士比亞取材歷史而又不拘泥於歷史的創作方法，也體現出他作為一名戲劇家的創造性。

同時，該劇在演出時也獲得了巨大的成功，因為詹姆士一世就是班柯的後裔，所以他對戲中所表現出來的君權神授觀點自然是大加讚賞。劇中寫女巫毒害人，而詹姆士一世就是最痛恨女巫的，因為他的母親瑪麗女王手下的一個女巫曾詛咒過他，他對女巫的懲罰一向都毫不留情。

而劇中對蘇格蘭和英格蘭國王的恭維和讚美，更是讓詹姆士一世看戲時的心情舒暢得不得了，所以他一下這就賞給「國王供奉」劇團三十英鎊。

揭幕

——To be or not to be；that's 莎士比亞

第十七章　最後的悲劇

不要只因為一次失敗，就放棄你原來決心想達到的目的。

——莎士比亞

揭幕
——To be or not to be；that's 莎士比亞

（一）

一六〇七年，除了兩部羅馬悲劇《安東尼與克麗奧佩脫拉》和《科利奧蘭納斯》上演之外，還上演了莎士比亞悲劇時期的最後一部作品——《雅典的泰門》。

這部悲劇作品取材於古羅馬諷刺文學家盧奇安的對話集《泰門或厭世者》和普魯塔克的《希臘羅馬名人傳》中的一些情節，以及威廉．佩因特的《娛樂之宮》。可能是由於說教色彩比較濃厚，這部戲劇在當時並不算很流行。但今天看來，這部戲劇卻具有相當的歷史作用，劇中對友誼、金錢的態度對我們仍有一定的啟發。

劇中的主要人物泰門出身豪門，家財萬貫，但卻性格豪爽、樂善好施，而且廣交朋友，將友情看得比較金錢重要得多。在雅典城裡，無論是普通百姓，還是貴族元老，只要登門拜訪，泰門都會盛情款待，臨走還要贈以金錢珠寶。對一些有困難的人，他更是傾囊相贈。

泰門有一個名叫文提狄斯的朋友，因欠債無力償還而被關進監獄。他向泰門求助，泰門立即為他還了債。

還有一次，泰門的一個僕人路西律斯愛上了一位有錢的雅典人的女兒，但姑娘的父親卻堅決不同意這樁婚事。泰門得知後，立即給了僕人一筆與姑娘的嫁妝相等的錢，最終促成了兩個人的婚事。

泰門每天都在為他的朋友揮霍著他的財產，儘管有哲學家艾瑪曼斯特的警告和管家弗萊維斯的勸誡，但他依然如故。最終，這位既不懂料理家計、又不懂世態炎涼的豪客因自己的過度慷慨而傾家蕩產。

這時，債主們紛紛登門向泰門討債，陷入困境中的泰門只好向那

第十七章 最後的悲劇

（一）

些曾受過他慷慨饋贈的朋友告借，結果卻遭到了無情的拒絕。

泰門一向單純的以為，自己助人就可以得到別人的幫助，而現在冷酷的現實終於讓他驚醒。於是突然有一天，泰門又邀請他以前的所有酒肉朋友來家中赴宴。這些朋友雖然心有疑惑，但還是抵擋不住美味佳餚的誘惑，紛紛前來赴宴，並虛偽的找出藉口向泰門表示道歉，說他們很樂意借錢給他，只是一時手頭比較緊等等。泰門表示自己毫不在意。

開宴後，眾人驚訝的發現，原來宴席上的菜肴只有一道：溫水。這一場景讓賓客們目瞪口呆。

這時，泰門憤怒的說道：

「蒸氣和溫水就是你們最好的飲食，這也是泰門宴請你們的最後一次宴會了。他因為被你們的諂媚蒙住了心竅，導致一貧如洗。所以，他要把它洗乾淨，把你們這些惡臭的奸詐仍舊還給你們！」

說完，泰門一邊向眾人的臉上潑水，一邊罵他們是一群「馴良的豺狼，溫順的熊，命運的異人，酒食征逐的朋友，趨炎附勢的毒蠅，脫帽屈膝的奴才，水氣一樣輕浮的小丑」等等。

(二)

由於看清了人性的醜惡，恥於再與人類為伍，泰門離開雅典，遁跡於森林之中，住在自己挖的洞穴裡，每天以樹根、野果為食。

一天，泰門在挖樹根時偶然掘出一大罐黃金。面對這些金子，泰門不禁感慨萬分，傾吐了一段經常被後人所引用的名言：

金子！發光的金子！寶貴的金子！黃黃的，只這一點兒，就可以使黑的變成白的，醜的變成美的，錯的變成對的，卑賤變成尊貴，老人變成少年，懦夫變成勇士。這黃色的奴隸可以使異教聯盟，同宗分裂；可以使受詛咒的人得到祝福，使害著灰白色癩病的人為眾人所敬愛；使竊賊得到高爵顯位，與元老們分庭抗禮；使黃臉婆的寡婦重做新娘，即使她的尊榮會令身染惡瘡的人見了嘔吐，只要有了它，就會恢復三春的妖豔。

這時，恰巧一隊軍人路過這裡，頭領是雅典的名將艾西巴第斯。他曾因替朋友聲張正義而遭到元老院不公正的放逐。如今，他率兵準備攻打雅典。

於是，泰門就把一些黃金給了艾西巴第斯當作軍餉，鼓勵他徹底消滅雅典人。這時的泰門，對人類的憎恨和絕望已達到極端的地步。他還給兩個放蕩的女人一些金子，要求她們去引誘雅典男人。

當忠誠的管家弗萊維斯歷經千辛萬苦找到泰門，表示願意無償侍奉他時，泰門嚴厲拒絕了。他不希望因為這個唯一的善良人而改變他對整個人類的看法。

第十七章 最後的悲劇

（二）

艾西巴第斯兵壓雅典城下，腐敗的雅典城邦已無人能夠帶兵抗擊挽救危局了。這時，元老們又想起了英勇善戰的泰門。他們讓弗萊維斯帶路，請泰門出山抗擊。泰門堅決拒絕，並詛咒雅典城成為廢墟。

艾西巴第斯很快就攻下了雅典城，並準備嚴懲那些雅典人。他派去尋找泰門，可是泰門此時已葬身於大海岸邊。在他的墓前，立著他親手寫的墓誌銘：

我，泰門，安息於此。我在世時，仇恨一切人類！

《雅典的泰門》是莎士比亞戲劇中情節最簡單、人物層次最少的一部，但莎士比亞卻在其中寄予了深刻的人生哲理。透過泰門前後對人生、對金錢、對世事的態度的強烈反差，莎士比亞抨擊了世態炎涼和金錢萬能等醜惡的社會現象。而泰門寧願隱居森林也不願回到人間，實際也是對金錢的罪惡採取的不妥協態度。他以死亡與那個他所深惡痛絕的骯髒社會相決裂，更是一種對現實最為強烈的抗議。

在創作《雅典的泰門》時，莎士比亞在思想認識上已經成熟，對社會也看得更為透徹。他認識到：人文主義理想在現實生活中是不可能實現的。但是，對人類前途始終抱有樂觀態度的莎士比亞並沒有為此而放棄他的理想，他要用藝術的力量去化解罪惡，用手中的筆去探索戰勝罪惡的途徑。於是，他開始逐漸轉向傳奇劇的創作。

揭幕
——To be or not to be；that's 莎士比亞

第十八章　傳奇劇創作時期

無數人的失敗，都是失敗於做事情不徹底，往往做到離成功只差一步就停下來。

——莎士比亞

揭幕
——To be or not to be；that's 莎士比亞

(一)

一六〇七到一六〇八年間的冬天，天氣特別寒冷，連四季流淌的泰晤士河都被冰封住了。在這樣寒冷的天氣裡，要想吸引觀眾到露天劇場來看戲幾乎是不可能的，而且演員也難以在冰冷的舞台上施展自己的本領。因此，這個冬季「環球」劇院的生意非常慘澹。

在這期間，卡斯比特 · 博比奇與他的同事們贖回了黑僧修道院的租賃權，並將它變成一個室內演出場地。

這個劇院始建於一五九六年，由詹姆斯 · 博比奇改建。但由於該地區富有的清教徒居民反對，劇院不能用於商業劇團演出。在該地區倫敦城的西南面，原有龐大的黑僧修道院在解散天主教會時被拆除。老博比奇就購買下原修道院的膳堂，改建為全部有屋頂的劇院，本以為該地既在倫敦市長管轄之外，是能夠自由用於演出的，但居民仍然強烈反對，無奈這裡只好一直閒置。

後來在一六〇〇年時，理查 · 博比奇和「國王教堂童伶劇團」的經理亨利 · 埃文斯簽訂合同，將黑僧劇院租給後者，租期為二十一年。這個私家劇團是由唱詩班和訓練學校的部分男童組成，在租下黑僧劇院後，他們就在這裡演出。

一六〇八年，卡斯比特 · 博比奇將黑僧劇院收回。這樣一來，「國王供奉」劇團就有了兩個演出場地——露天的「環球」劇場和室內劇場「黑僧」劇院。博比奇與莎士比亞的劇團在倫敦戲劇舞台上是相當成功的，因此包括莎士比亞在內的所有股東收入都十分豐厚。

與「環球」劇場相比較，「黑僧」劇院的舞台設備比較齊全。以照明為例來說，劇院內有掛在牆架上的火把、燈籠，有插在燭台上的蠟燭，還有沿舞台周邊安放的腳燈等。在這種條件之下，就可以營造出一個富有神祕色彩和充滿浪漫情調的環境。而這也為莎士比亞晚期創作演出傳奇劇提供了必要的條件。

「黑僧」劇院的演出一般會選在晚上，使用蠟燭來照明，因此它的票價要比露天劇場貴得多，能夠在這裡看戲的大多是有產者和上層社會的成員。他們的觀賞趣味當然與「環球」劇場的平民觀眾不同，這也影響了莎士比亞晚期戲劇的創作風格。

莎士比亞的創作晚期被稱為傳奇劇時期，他開始轉向傳奇劇的創作。這種轉變既與當時的戲劇時尚有關，也是他自身創作思想發展的結果。

從喜劇時期的快樂情緒到悲劇時期的沉重情緒，再到傳奇劇時期的快樂情緒，莎士比亞創作時期的思想發展可以說是走了一個輪回。但是，這並不是一種簡單的重複，而是一種更高級的「復歸」，是一個否定之否定的過程。

在開始的喜劇創作時期，莎士比亞的心情是單純而快樂的。懷著對人文主義理想的堅定信念，莎士比亞在現實中尋找各種實現理想的途徑。所以，初期他對理想世界的表現是比較單純而具體的。

而在傳奇劇創作的時期，英國社會現實開始變得日漸黑暗，詹姆斯一世的統治也日漸趨向於反動。這樣一來，實現人文主義理想的任何途徑都在殘酷的現實面前被否定了。在現實的世界中找不到出路，莎士比亞只有藉助傳奇戲劇的形式，將自己的人文主義希望寄託於烏托邦式的理想世界。因此，此時他的戲劇對理想世界的表現是朦朧的，甚至帶有一定的空想色彩。

(二)

在創作晚期，莎士比亞共創作了四部傳奇劇，分別為：《泰爾親王佩利克爾斯》、《辛白林》、《冬天的故事》和《暴風雨》。

在四部傳奇劇中，《泰爾親王佩利克爾斯》充滿了浪漫的色彩。其故事的內容是：

主角泰爾親王佩利克爾斯在向安提奧克斯國王的女兒求婚時，無意中發現他們父女亂倫的隱私。這位親王因為害怕遭到報復而逃亡到國外，一路逃到希臘的潘塔波里斯。在這裡，他正趕上公主泰莎比武招親，便憑藉高超的武藝一舉奪魁，與公主泰莎結為夫妻。

而安提奧克斯父女的行為引起天怒，被天火燒死。臣民們紛紛要求佩利克爾斯回國執政，於是佩利克爾斯帶著即將分娩的妻子泰莎踏上歸途。

在海上，佩利克爾斯一行遭遇暴風雨。危難之際，泰莎夫人生下一個女兒後便昏迷不醒。人們都以為泰莎已經死了，在船員的堅持下，佩利克爾斯不得不按照船上的迷信做法將泰莎放入木箱後投入海中。

裝著泰莎的木箱隨波漂流，一直漂到以弗所，被當地的一位名醫所救。後來，她成為狄安娜神廟的女祭司。

船上的佩利克爾斯擔心剛剛出生的嬰兒支撐不到回家的日子，便轉道塔薩斯，將女兒瑪麗娜交給總督克里翁和他的妻子狄奧妮莎撫養。

瑪麗娜長大後，不僅十分美麗，還才華橫溢。狄奧妮莎出於嫉妒，便想害死這個養女。沒想到的是，瑪麗娜被一夥強盜搶走，還被賣到米提林的一家妓院中。在妓院裡，瑪麗娜依靠智慧和品德才藝保持了自己的貞潔，同時也贏得了米提林總督拉西馬卡斯的愛慕。

不久，佩利克爾斯便來塔薩斯尋找女兒，狄奧妮莎謊稱瑪麗娜已死。佩利克爾斯悲痛欲絕，他的船在歸途中也迷失了方向，漂流到米提林港。

提米林總督拉西馬卡斯救下了佩利克爾斯。他見佩利克爾斯因思念女兒憂傷過度，便推薦美麗的瑪麗娜前去照看他。佩利克爾斯一見到瑪麗娜，立刻就認出她是自己的女兒，神智也清醒過來。

這時，狄安娜女神又給他神諭，讓佩利克爾斯在以弗所找到了失散多年的妻子泰莎。一家人在經歷種種磨難之後，終於團圓，過上了美滿幸福的生活。而克里翁夫婦的謀殺罪行暴露後，被憤怒的民眾燒死了。

這部作品是莎士比亞在一個別人改編得不太好的劇本上進行的部分潤色，可能由於時間緊迫，所以很多地方看起來不像是莎士比亞的手筆，但情節結構卻是莎士比亞晚年創作傳奇劇時經常用的。它的主題十分清楚，那就是善有善報、惡有惡報。

不過，由於善惡的結局都不是依靠現實社會中人的力量，而是藉助於超現實的神力，這顯然也表明此時莎士比亞改變現實的信心已經發生了嚴重的動搖。

(三)

傳奇劇《辛白林》的劇情比較複雜，它是以霍林希德的《英格蘭、蘇格蘭與愛爾蘭編年史》中的記載為基本框架的，還有一部分情節選自於薄伽丘的《十日談》及不少其他的童話因素。

這個故事講述的是古代不列顛國王辛白林與三個孩子之間的故事。因遭受誣告被昏庸的國王辛白林放逐的貴族培拉律斯為了報復國王，將國王的兩個還在襁褓中的兒子吉德律斯和阿維拉古斯偷走，並在威爾士山將他們養大成人，教導他們蔑視權力和金錢主宰的浮華世界。

兒子被偷走後，辛白林國王的女兒伊莫琴成為王位的唯一繼承人。伊莫琴自幼喪母，辛白林國王後來又娶了一位妻子。後母擔心王位被伊莫琴繼承，便想讓伊莫琴嫁給自己與前夫所生的傻兒子克洛頓，以謀取王位。

但是，伊莫琴卻愛上了「有才的貧士」波塞摩斯，並與他偷偷成婚。王后知道後，惱羞成怒，慫恿辛白林幽禁了伊莫琴，並放逐了波塞摩斯。

波塞摩斯流亡到羅馬，為頌揚妻子伊莫琴的忠貞，與一位名叫阿埃基摩的風流紳士打賭。阿埃基摩稱，只要波塞摩斯願意把伊莫琴所送的戒指送給他，他就能夠騙得伊莫琴的貞操。但波塞摩斯表示他堅信自己妻子的品行。

阿埃基摩前往不列顛向伊莫琴求愛，遭到伊莫琴的嚴辭拒絕。他又偷偷潛入伊莫琴的房間，偷走了波塞摩斯送給伊莫琴的手鐲。

揭幕
——To be or not to be；that's 莎士比亞

當波塞摩斯看到阿埃基摩手中拿著伊莫琴的手鐲時，便誤以為伊莫琴真的失去了貞操，狂怒之下，他寫信給自己在不列顛的男僕比薩尼奧，讓他殺掉伊莫琴。

比薩尼奧不忍下手，便幫助伊莫琴化裝成一個名叫費泰爾的男孩逃出王宮。在威爾士，伊莫琴得到了兩個並不相識的哥哥的庇護。

伊莫琴逃走後，王宮一片混亂，克洛頓威逼比薩尼奧說出了伊莫琴的下落，並穿上波塞摩斯的舊衣服去追趕伊莫琴。途中，克洛頓與培拉律斯相遇。他口出狂言，激怒了培拉律斯，結果被砍下頭顱，頭顱也被溪水沖走了。

伊莫琴因勞累過度而病倒，誤服了王后配製的藥而昏迷不醒。兩個哥哥都以為她死了，傷心的把她葬在母親的墓旁。出於憐憫之心，他們還把無頭的克洛頓也葬在旁邊。

當伊莫琴醒來後，發現穿著波塞摩斯衣服的無頭屍體時，不禁放聲痛哭，以為波塞摩斯已經死了。

恰在這時，率領羅馬軍隊前來攻打不列顛的路歇斯將軍路過這裡，看到身著男裝的伊莫琴十分可愛，就將她留在羅馬軍中，作為自己的侍童。

最後，培拉律斯父子三人投入對羅馬人的戰鬥中，並戰敗了羅馬軍隊，路歇斯本人也被俘獲。而阿埃基摩也說出了自己偷竊伊莫琴手鐲的實情，波塞摩斯與伊莫琴重歸於好。培拉律斯二十年前的冤案也得以昭雪，辛白林又重新得到了三個兒女。他寬恕了波塞摩斯和培拉律斯，赦免了路歇斯等囚犯，與羅馬繼續和平相處。

這部劇作語言華麗，富有傳奇特點，但由於人物描繪稍有造作，故事情節也過分離奇，因此損害了作品的真實性。

從整體上來看，這部劇是莎士比亞幻想的產物。從人文主義出發，作者既批判了社會的醜惡，又體現了仁愛的精神，將時代的極端罪惡與人類的至善至美結合在一起，體現出這一時期劇作家的思想和藝術特色。

(四)

一六一〇年，莎士比亞又創作了一部傳奇劇——《冬天的故事》，這個故事取材於羅伯特 · 格林的長篇小說《潘多斯托：時間的勝利》。

故事講的是西西里國王里昂提斯邀請自己兒時的好友波西米亞國王波力克希尼斯來宮中作客。王后赫米溫妮對客人熱情招待，結果竟令國王里昂提斯妒火中燒，懷疑她與波力克希尼斯有曖昧的關係。

瘋狂的嫉妒令里昂提斯失去了理智，他命自己的心腹大臣卡密羅去毒死波力克希尼斯。然而，善良的卡密羅不忍傷害無辜的波力克希尼斯，便與波力克希尼斯一起逃離西西里，回到波西米亞。

波力克希尼斯的逃走讓里昂提斯更加堅信自己的猜疑。他認為是王后偷偷放走了波力克希尼斯，便下令將王后囚禁起來，又殘忍的命大臣安提哥納斯將王后在獄中所生下的女嬰燒死。

大臣們苦苦哀求，里昂提斯才勉強同意將嬰兒丟到國境之外的荒野中，任她自生自滅。於是，安提哥納斯將女嬰丟棄到波西米亞海濱一個野獸出沒的地方，然而返回的途中他卻被熊咬死。所幸的是，女嬰被一位牧羊人發現。牧羊人將女嬰帶回家中，並將她撫養長大，取名為潘迪塔。

里昂提斯的小兒子因為母親被囚，看不到母親，最終傷心憂鬱而死。里昂提斯逐漸開始意識到：這是神靈對他的懲罰。他想請求王后的寬恕，但王后的好友、安提哥納斯的妻子寶麗娜將王后藏在自己家中，並向國王稟告：王后已離開了人世。

十六年後，潘迪塔出落成一位美麗的姑娘。波西米亞王子弗羅利澤在一次打獵時遇到了潘迪塔，兩人一見鍾情，墜入愛河。

然而，波西米亞國王波力克希尼斯得知後，卻堅決反對兒子與一個牧羊女相愛。善良的卡密羅建議弗羅利澤帶著潘迪塔到西西里去找里昂提斯。於是，兩人就和老牧羊人一起來到西西里島。

里昂提斯見到弗羅利澤和潘迪塔，不由思念起自己死去的兒子和女兒來。他傷心地訴說了十六年前將女兒丟棄的往事。

老牧羊人聽罷，就將自己撿拾潘迪塔的情形告訴了里昂提斯，結果證明潘迪塔就是里昂提斯的女兒。

當波力克希尼斯聽說牧羊女竟然是西西里公主後，轉而贊同王子弗羅利澤與潘迪塔的婚事。

此時的里昂提斯更加痛悔自己過去所犯的錯誤，十分想念已經「離世」的妻子。這時，寶麗娜請思念王后的里昂提斯和思念母親的潘迪塔來家中觀看她所珍藏的一尊王后赫米溫妮的雕像。

當里昂提斯看到那尊雕像時，他不禁想過去親吻她。寶麗娜阻止了他，稱雕像身上的油彩未乾。但她又說，她可以讓雕像從石座上自己走下來。

於是，寶麗娜吩咐侍從奏起音樂，雕像果然從石座上徐徐走下，與里昂提斯擁抱。原來，這座雕像就是赫米溫妮本人。一家人終於得以團圓，整個王宮沉浸在歡樂之中。

這個故事表面結構顯得十分鬆散，傳奇性也超過了真實性，但卻蘊含著深刻的寓意，那就是：人一旦失去理智，一意孤行，就必然會對自己和他人造成巨大的傷害。只有真心向善，心胸豁達，才能得到寬恕，獲得幸福。

揭幕
——To be or not to be；that's 莎士比亞

（五）

一六〇九年時，一支滿載著英國移民的艦隊在百慕達群島附近遭遇風暴，其中的旗艦觸礁。幸運的是，船上沒有一人喪生。後來他們被沖到一個孤島上，忍飢挨餓，生活了近十個月，最後乘坐著用樹枝造成的小船返回了文明世界。

根據這一事件，莎士比亞創作了他晚期的最後一部傳奇劇作品——《暴風雨》。與《仲夏夜之夢》一樣，這部作品也包含了莎士比亞的許多奇思妙想。

對於莎士比亞來說，這部作品在他的戲劇創作中有著十分重要的地位，因為它集中的反映了莎士比亞晚期的人文思想，故而也被稱為是莎士比亞的「詩的遺囑」。不同時代、不同國度的人，都不約而同都喜愛著這部充滿夢幻色彩的傳奇劇作。

《暴風雨》的故事發生在十五世紀的義大利。在一個仙島上，住著一位名叫普洛斯彼羅的老人和他美麗善良的女兒米蘭達。

普洛斯彼羅具有無邊的魔法。他施展魔術，在海上興起暴風雨，致使一條載有那不勒斯王阿隆佐等貴族的船隻陷入險境。

眼看船就要觸礁了，善良的米蘭達懇求父親：

「請您讓風暴平息吧！……啊，那呼叫的聲音一直刺入我的心坎。可憐的人們，他們要死了！」

然而普洛斯彼羅安慰著女兒，稱「一點兒災禍都不會發生」。他之所以要用法術使那條船遇難，是因為他的仇人在這條船上。

原來在十二年前，普洛斯彼羅是米蘭的公爵。由於潛心研究魔法，他便將國家事務委託給他的弟弟安東尼奧管理。但野心勃勃的安東尼奧竟以稱臣納貢為代價，勾結那不勒斯王阿隆佐，將普洛斯彼羅和他的獨生女兒米蘭達放逐到海上。幸虧一個名叫貢柴羅的貴族給了他們一些食物和清水，他們才沒被餓死，最終漂流到這個荒涼的小島之上。

在這個荒島上，普洛斯彼羅用魔法解救了被女巫囚禁的精靈愛麗兒，並征服了女巫之子、荒島上的主人、醜八怪凱列班，成為荒島的統治者。他將這個荒島建成了一個理想的王國。

這次，普洛斯彼羅施展魔法，在精靈愛麗兒的幫助之下掀起了一場暴風雨，令他的幾個仇人所乘坐的船經過海島附近時擱淺，並將他的仇人帶到荒島上來。

普洛斯彼羅將那不勒斯王阿隆佐與王子費迪南分別關起來，致使父子二人都認為對方已死。這時，愛麗兒美妙的歌聲引起了費迪南的注意，他隨著愛麗兒的歌聲來到普洛斯彼羅和米蘭達的面前，結果費迪南和米蘭達兩人一見鍾情。

不過，普洛斯彼羅擔心費迪南太輕易獲得米蘭達的愛而令他不知道珍視這份愛情，因此他決定故意為難一下費迪南，考驗他對米蘭達的愛情。

在荒島的另一邊，船上其他貴族正在為大難不死而欣喜若狂。這時，愛麗兒來到這兒，奏起莊嚴的音樂，除那不勒斯王的弟弟西巴斯辛和普洛斯彼羅的弟弟安東尼奧外，其餘人都在音樂中昏睡過去。

內心險惡的安東尼奧煽動西巴斯辛殺掉那不勒斯王阿隆佐和大臣貢柴羅，篡奪那不勒斯王位。正當兩人舉劍準備下手之際，精靈愛麗兒阻止了他們。

在海島的又一個地方，愚蠢的凱列班將在船上酗酒的廚子斯丹法諾和弄臣特林鳩羅誤認為是天神，想利用他們殺死普洛斯彼羅，重建小島上的秩序。精靈愛麗兒聽到了他的詭計，趕緊去報告普洛斯彼羅。

這時，普洛斯彼羅為考驗費迪南，正命令費迪南做著搬運木頭的苦活計。由於米蘭達純潔甜蜜愛情的激勵，費迪南認為「受得勞苦也是一種愉快」。而在一旁看著費迪南受苦的米蘭達卻無比心疼，提出要替他搬一會兒木頭，但費迪南卻深情的說：

「我寧願毀損我的筋骨，壓折我的背膀，也不願讓你做這種工作。」

普洛斯彼羅見費迪南很有誠心，便對費迪南說：

「你所受的一切苦難都不過是我用來試驗你的愛情的，而你能異常堅強忍受它們。這裡，我當著天地，許給你這個珍貴的賞賜。」

為了慶祝女兒與費迪南的結合，普洛斯彼羅還用法術召來許多精靈為這對戀人祝福，在他們面前展開了一幅奇特、美麗、迷人的幻景。

這時，凱列班、特林鳩羅和斯丹法諾前來刺殺普洛彼羅斯。普洛彼羅斯用魔法使精靈化成獵犬，追逐廝咬他們，三人落荒而逃。

最終，普洛斯彼羅原諒了阿隆佐和安東尼奧。雖然他們曾經傷害了他，但理性告訴他：

「道德的行動較之仇恨的行動要可貴得多。」

普洛斯彼羅讓阿隆佐與他的兒子重逢，並衷心祝福兒子與米蘭達的愛情。

普洛斯彼羅決定以後再也不使用魔法了，他將在愛麗兒的幫助下去那不勒斯參加米蘭達和費迪南的婚禮，然後回到米蘭，幸福的度過自己的餘生。

而精靈愛麗兒也獲得了自由，她用動聽的歌聲歌唱著她那自由美好的生活：

蜂兒吮啜的地方，我也在那兒吮啜；
在一朵蓮香花的冠中，我躺著休息；
我安然睡去，當夜梟開始它的嗚咽。
騎在蝙蝠背上，我快活的飛舞翩翩，
快活的、快活的追隨著逝去的夏天；
快活的、快活的我要如今
向垂在枝頭的花底安身。

這部作品的結構與莎士比亞的其他劇作不同，尤其是不同於那些按照事件發展順序展開的傳奇劇。它是從結尾開始，讓情節行動限制在一個海島上，並在一天之內完成。

在這部劇作中，普洛斯彼羅代表著正義的力量，安東尼奧代表著邪惡的力量，這正是十七世紀初英國社會矛盾的寫照。莎士比亞用「暴風雨」象徵人生，認為人生就是衝突混亂與精神力量的矛盾統一。

同時，莎士比亞還藉劇中人物之口，描繪了他心中的「理想國」——回歸人類原始的自然狀態。它產生於莎士比亞創作的晚期，說明在經歷過喜劇、悲劇的創作之後，莎士比亞依然在內心中保留著他的人文主義理想，從未放棄對人類社會必然出現理想王國的堅定信念。

莎士比亞就是這樣，以一部充滿了理想美與藝術美的作品結束了自己輝煌燦爛的創作生涯。因此，這部作品也被稱為是莎士比亞的「詩的遺囑」。

第十九章 葉落歸根回故土

上帝是公平的，掌握命運的人永遠站在天平的兩端，被命運掌握的人僅僅只明白上帝賜給他命運。

——莎士比亞

揭幕
——To be or not to be；that's 莎士比亞

(一)

在《暴風雨》的收場詩中，莎士比亞曾以詩的形式表達了自己回歸故土的念頭。他寫道：

現在我已把我的魔法盡行拋棄，

剩餘微弱的力量都屬於我自己。

在這首詩中，莎士比亞希望能夠回歸故里的想法已經流露出來。

一六一二年，四十八歲的莎士比亞離開倫敦，回到故鄉斯特拉福鎮，安享晚年。不過，對於莎士比亞為何此時毅然決然放棄了他曾為之奮鬥二十多年的戲劇事業，後人卻有諸多猜測。因為這時的莎士比亞雖然年過半百，但卻並非「江郎才盡」。

從整個創作歷程來看，莎士比亞是個頗有創造才智的天才作家，而且後期創作的劇本也沒有絲毫的跡象表明他已經到了才思日蹙的境地。相反，他依然善於找到靈感的新源泉，而且常常一揮而就。在這種情況下，莎士比亞為何過早封筆了呢？

十九世紀英國批評家愛德華 · 道頓認為，莎士比亞在四十八歲時已經名利雙收，他無需再過得那麼辛苦勞累了；他已經有條件回到幽靜的斯特拉福鎮頤養天年，享受一生努力創造的勞動果實了。

丹麥批評家格奧爾 · 格伯蘭提斯也持同樣的觀點，同時他還認為，莎士比亞退隱不僅僅是身體上感到疲倦，還有一種心靈深處無法言表的失望。

對於這一點，英國作家立頓斯特 · 里奇進行了大量考證，發現晚期的莎士比亞對人世間的喧囂與躁動感到十分厭倦。而莎士比亞感到最不滿意的就是他的職業條件，他必須迎合觀眾們任性的趣味，他的劇本在劇場上演時總是會被歪曲或刪改，同時將他作為作者最珍視的那些內容刪掉。

由此可見，莎士比亞毅然退出劇壇的原因，在於他後期的創作思想比較低調。此時的莎士比亞受自己和社會的各種影響，情緒比較低沉。他曾在《馬克白》中說道：

「人生不過是一個行走的影子，一個在舞台上指手畫腳的拙劣的伶人。登場片刻，便要在無聲無息中悄然退下。」

而在《暴風雨》中，也出現過類似的句子：

「人生來自無生，復歸於寂滅；與永恆相比，不過是一個短暫的瞬間。」

可見，後期的這些戲劇創作已經將莎士比亞的思想顯露無疑。

另外，此時劇團中也出現了一批後起之秀。一六〇九年，莎士比亞所在的「國王供奉」劇團聘來了兩位新人——博蒙特與弗萊奇。這兩個人的戲劇創作風格與莎士比亞完全不同。

當時的上層社會都喜歡色彩絢爛、供人消遣的戲劇，故而劇作家們就要創作出適合觀眾口味的戲劇來。而莎士比亞的戲劇過於沉重，追求高尚的東西也已過時，所以博蒙特和弗倫奇兩人追求華美辭章的外表和形式便逐漸代替了莎士比亞那些富有哲理的、樸實的戲劇內容和語言。這些，也可能成為促使莎士比亞最終離開劇團、回到故鄉的原因。

揭幕
——To be or not to be；that's 莎士比亞

(二)

一六一二年，莎士比亞與弗倫奇合寫了一部戲劇——《卡迪尼奧》，取材於西班牙作家賽凡提斯創作的《唐吉訶德》。該戲在排練好後，便被邀請在宮廷大典中演出。後來，弗倫奇又得到機會與莎士比亞合寫了歷史劇《亨利八世》。

一六一三年六月二十九日，「國王供奉」劇團在環球劇院開始首演《亨利八世》，戲名被改為《一切皆為事實》。然而，這一天也成為令莎士比亞與「國王供奉」劇團刻骨銘心的一天。

由於這齣戲演的是宮廷之事，舞台布置得十分華美，甚至連舞台上都鋪滿了草席，彷彿要營造出一種豪華地毯的感覺。劇中的爵爺們都佩戴著喬治和嘉德勳章，連衛兵都穿上繡花的上衣。

當戲演到第一幕的最後一場，亨利國王駕臨紅衣主教府邸時，人們要鳴炮致敬，結果點火炮的火繩將劇場地面上的草席點燃了。但當時大家都專注於演出，根本沒人在意火苗的出現。

沒想到的是，火勢迅速蔓延，劇院的迴廊很快就在大火中紛紛倒塌。大火瞬間便吞沒了劇院，觀眾嚇得四處逃命，劇場裡亂成一團……

不到一個小時，環球劇院就被燒毀了，幸好沒有人員傷亡。但是，這場大火卻令劇團損失慘重，除了修建成本付諸東流、演員衣服和裝備遭毀之外，莎士比亞的劇本手稿也在道具箱中化為灰燼。

火災發生時，莎士比亞並不在劇場。當博比奇派人跑來告訴他劇院著火的消息後，莎士比亞簡直不敢相信自己的耳朵。他慌忙跑到環球劇院，結果眼前的一切讓他瞬間陷入絕望之中……

想到自己與博比奇等人為修建劇院所花費的心血，想到自己創作的多部劇本在這裡上演時座無虛席的盛況，莎士比亞滿眼荒涼。此情此景，莎士比亞的腦海中只想到了兩個字：幻滅。

環球劇院的大火令莎士比亞最終真正拋開了喧鬧的倫敦和繁忙的劇團生活。因此在一六一三年之後，他將劇團中的股份轉給別人，並處理了他在倫敦的一切財產和財務方面的事情，此後悄然退隱，回到故鄉斯特拉福鎮。

然而，回到故土的莎士比亞並沒有真正享受到天倫之樂。此時，他的膝下只有一個外孫女伊莉莎白，這不能不說是莎士比亞人生的一大遺憾。

最令他痛心的是，他的兩個兄弟也先後離他而去。先是他的大弟弟吉伯特於一六一二年二月三日下葬，緊接著是一六一三年二月四日他的小弟弟理查也去世了。而且，他們都沒有留下任何後代。這樣，莎士比亞就成為家族中唯一的男性，他一生都為家族中沒有男性後嗣而感到苦惱。

儘管《莎士比亞傳》（一七〇九年）的作者羅伊在書中說莎士比亞的晚年是在「富足、清靜和與朋友聊天」中度過的，但其實他的暮年生活並非平安無事。雖然擺脫了繁忙的戲劇工作，可生活上的瑣事還在不斷糾纏著他。

莎士比亞的一生都十分看重名譽，可他的大女兒蘇珊娜卻偏偏被人誹謗為一個行為不檢點的女人，這是令莎士比亞無法容忍的。

散布謠言的人是一個名叫約翰 · 萊恩的無賴，他逢人便信口說蘇珊娜與當地的一個小商人有苟且之事，這嚴重地傷害了莎士比亞與蘇珊娜的自尊。在父親的鼓勵之下，蘇珊娜於一六一三年七月十五日向當地的一個教會法庭提出訴訟，控告約翰 · 萊恩對她的無端詆毀。

最後，宗教法庭以玷汙良家婦女名聲的罪名將約翰 · 萊恩開除教籍，蘇珊娜終於透過自己的努力恢復了名譽，捍衛了自己與家族的尊嚴。這或許應該歸功於她的父親莎士比亞的一句名言：

「你的恫嚇並不可怕，因為我的誠實為我防禦得非常堅強。」

作為一名有聲望的紳士，回到故鄉的莎士比亞也開始積極參與到當地的重要活動中去。一六一四年夏天，斯特拉福鎮遭受了嚴重的火災，五十多家民房被燒毀。所幸的是，莎士比亞的「新居」作為當地最好的房子而幸免於難。

面對火災帶來的嚴重損失，市政廳採取了一系列的措施，以幫助受災的百姓重建家園。莎士比亞也熱心地四處奔波，籌集錢款，盡其所能幫助鄉親們。

這一年，莎士比亞還憑藉自己的威望幫助調解了一起與圈地有關的爭執。當時，斯特拉福鎮最富有的家族之一——康勃家族企圖將鎮上的一塊公地據為己有，遭到斯特拉福鎮居民的反對，雙方因此而發生爭訟。

莎士比亞知道這件事後，從中做了不少調解工作。最後，政府下令禁止圈地，市民們取得了勝利。

(三)

晚年一直陪伴在莎士比亞身邊的是他的妻子哈瑟維，還有兩個女兒和一個外孫女。然而大女兒蘇珊娜受損一事平息沒多久，小女兒裘蒂絲又出了狀況。

一六一六年二月，裘蒂絲突然宣布要結婚，她的未婚夫是一個酒店的老闆，名叫湯瑪斯 · 奎尼。當時裘蒂絲三十一歲，而新郎奎尼只有二十七歲。

二月十日，裘蒂絲與奎尼在教堂舉行了婚禮。不過，莎士比亞對小女兒的婚姻卻十分不滿，因為湯瑪斯 · 奎尼是個浪蕩子，他願意與裘蒂絲結婚，可能只考慮到莎士比亞家境的殷實，根本不是真心愛裘蒂絲。

果然不久，莎士比亞的判斷應驗了。婚禮剛剛過去一個月，一樁醜事就出現了：湯瑪斯 · 奎尼因為行為放蕩，誘姦了一個名叫瑪格麗特 · 惠勒的女子，並讓她懷了身孕，但生產時母子兩人雙雙死去。為此，湯瑪斯也被推上法庭，還被判了刑。

這件事讓莎士比亞非常氣憤，甚至覺得顏面全無。從此後，裘蒂絲也徹底失去了父親的歡心，這一點在莎士比亞的遺囑中便明顯表現了出來。

一六一六年一月，即逝世前的兩個月，莎士比亞便擬好了遺囑。然而因為裘蒂絲的婚姻，莎士比亞對遺囑又進行了重大修改。

為家務事所煩惱，也讓莎士比亞的身體日漸衰弱。一六一六年三月，莎士比亞以愉悅的心情在家中接待了老朋友德雷頓和班 · 強生。

揭幕
——To be or not to be；that's 莎士比亞

這也是莎士比亞生前最後一次與倫敦的朋友們會晤。

不過，班 · 強生卻給莎士比亞帶來了一個不幸的消息：他們的朋友、年僅三十七歲的波蒙突然去世了。這件事引起了莎士比亞對人生易逝的感慨，不由得便多喝了幾杯，不料竟因此而患上了熱病。

大女婿霍爾是個醫生，因此對岳丈精心治療，但莎士比亞的病情始終不見好轉。這令莎士比亞彷彿預感到了死神的迫近，他開始認真考慮起自己的遺囑問題。

三月二十五日，莎士比亞用顫抖的手在自己修改好的遺囑上簽了名。這份遺囑的內容十分詳細，由此可見莎士比亞做事的細心周到，從親屬到朋友，甚至同事，他都作了詳細的安排，很少有疏漏的人。

無論過去還是現在，莎士比亞的這份遺囑都給他的傳記作者們留下了深刻的印象。在遺囑中，莎士比亞寫明：將自己的大部分財產留給大女兒蘇珊娜，留給小女兒裘蒂絲三百英鎊和一隻銀質鍍金的高腳酒杯，留給他的妹妹瓊恩二十英鎊和全部衣物以及亨利街房子的永久居住權，留給當年倫敦劇團的三位夥伴每人二十六先令八便士。

此外，他還給斯特拉福鎮的好友及當地的窮苦人都留下了多少不一的遺贈。但對他的妻子哈瑟維，他卻只留下一張「次好的床」。

對於給妻子留下的這份「財產」，後來有許多不同的猜測，而最常見的解釋就是：

首先，當時英國的法律有明文規定，妻子有權獲得丈夫三分之一的遺產，因此不用再在遺囑上注明。

其次，按照當時英國的風俗，「最好的床」是用來招待貴客的，而「次好的床」才是夫婦使用的。因此，它正是表明夫妻深情的遺物。

(四)

一六一六年四月二十三日，偉大的戲劇家、詩人威廉 · 莎士比亞溘然長世。在遺囑中，他寫道：

「我希望並堅定的相信，我的靈魂將成為永恆生命的一部分。」

事實也證明了他的話：他的藝術與世長存。

莎士比亞去世的這天，正好是他的五十二歲生日。這一切彷彿是一個巧合，上帝將這個天才賜給人間整整五十二年，一天都不允許他多停留。

四月二十五日，莎士比亞的遺骸被安葬在斯特拉福鎮的聖三一教堂。一張半身的紀念像鐫在牆上，墓碑上的碑文是這樣寫的：

好朋友，看在耶穌的份上，
不要挖掘這裡的墓葬。
容此碑石者老天保佑，
移我骸骨者必受詛咒。

七年之後，他的妻子安 · 哈瑟維被埋葬在他身旁。後來，他的大女兒蘇珊娜及其丈夫霍爾也葬在他的墳墓附近。

在莎士比亞去世七年後，一六二七年，當年與他在舞台上一起演戲的同伴海明與康得爾編輯出版了他的戲劇集——《威廉 · 莎士比亞先生的喜劇、歷史劇和悲劇。根據準確的、真正的文本刊印》。

由於當時的劇團都不肯印行它們演出的劇本，因此，莎士比亞創作的這些劇本在他生前只有一半印行過。如果沒有這兩個人的的努力，《馴悍記》、《皆大歡喜》、《第十二夜》、《馬克白》等三十六個劇本將無緣與後人相見，那將是多麼巨大的遺憾和損失啊！

這部作品集被稱為第一對開本。根據當時的風尚，「第一對開本」的卷首應有獻辭和稱頌作者的詩作。在眾多的頌詩當中，最為著名的是班 · 強生所創作的題名為《題威廉 · 莎士比亞先生的遺著，紀念吾敬愛的作者》的詩篇。這首詩對莎士比亞的整個創作人生做出了極高的評價，並對莎士比亞在世界文化中所占據的地位做出了預言家式的預言。

這首詩寫道：

你是墳墓以外的一個紀念碑，你仍然活著，只要你的書還在，只要我會讀書，就會說出贊詞。

自豪吧，我的不列顛，你拿得出一個人，歐洲所有的劇壇都會向他致敬。他不只屬於一個時代，而是屬於所有的世紀！

第二十章 不朽的莎士比亞

沒有比較，就顯不出長處；沒有欣賞的人，烏鴉的歌聲也就和雲雀一樣。要是夜鶯在白天雜在聒噪裡歌唱，人家絕不以為牠比鷦鷯唱得更美。多少事情因為逢到有利的環境，才能達到盡善的境界，博得一聲恰當的讚賞。

——莎士比亞

揭幕
——To be or not to be；that's 莎士比亞

(一)

莎士比亞去世後不久，生前一直對他頗有微詞的班 · 強生說出了一句由衷之言：

「他不屬於一個時代，而是屬於所有的世紀。」

這句話可以說定下了對莎士比亞評價的基調。

莎士比亞是英國的殊榮，在一片國土上，載有這樣的人物真是一種特殊的榮譽。

一六三二年，第二部《莎士比亞戲劇集》出版，其中附有一封未署名的詩，給予了莎士比亞熱情洋溢的讚美：

這個平民的兒子高踞在他的寶座上，創造了整整一個世界，並管理著它;他用一種祕密的動力激勵著人類，時而激起我們揪心的憐憫，時而又激起我們強烈的愛；他能控制我們的喜怒哀樂；他用聖火熔煉我們，使我們脫胎換骨。

由此可見，莎士比亞在他的那個時代已經享有極高的盛譽了。

《失樂園》的作者、十七世紀偉大的英國詩人約翰 · 彌爾頓一生都對莎士比亞推崇備至。他是這樣讚譽莎士比亞的：

他是凌空而起的金字塔。難道能賦予他更為雄偉的景觀嗎？莎士比亞不需要這樣的紀念碑。你備受我們尊敬，我們的喜悅和讚美，你可用以建立起一座牢不可破的紀念碑。

到了十八世紀，莎士比亞作為本國第一流作家的地位在英國已經牢牢確立了，並贏得了世界性的聲譽。

當時，英國最偉大的演員大衛 · 加利克讓莎士比亞的戲劇名揚海內外，各種版本的莎士比亞戲劇競相出版，同時最早的一批莎士比亞研究者也開始出現。

在那時，古典主義者都推崇「三一律」，也就是要求一齣戲劇所敘述的故事應發生在一天之內，地點在一個場景中，情節也要服從於一個主題。這些古典主義者雖然對莎士比亞不遵照「三一律」來創作感到有些不滿，但仍忍不住要讚美莎士比亞：

「他有一顆通天之心，能夠了解一切人物和激情。」

法國啟蒙主義作家伏爾泰在戲劇上尤其推崇古典主義，因此他在《塞米拉米斯》一文中稱莎士比亞是個「喝醉了酒的野蠻人」。但同時，他又不得不承認：

「除了稀奇古怪的東西之外，他還有一種無愧為最偉大的天才的崇高的思想。」

德國「狂飆突進」的領袖人物赫爾德更是給予了莎士比亞極高的評價。他說：

如果說，有一個人讓我的心中浮現出這樣一個莊嚴的場面：高高坐在一塊岩石的頂上，他的腳下風暴雷雨交加，大海也在咆哮，但他的頭顱卻被明朗的天空照耀著，那麼，莎士比亞就是這樣的。

——只是還應該補充一點，在他的岩石寶座的最下面，有一大堆人在喃喃細語，他們解釋他、拯救他、判他的罪名、為他辯護、崇拜他、汙蔑他、翻譯他、誹謗他，而他對他們的話卻一點都聽不見！

因此，赫爾德極力宣導德國戲劇應該以莎士比亞為榜樣，為德國觀眾創造出具有民族特色的、符合新興市民階級利益和趣味的作品。

偉大的詩人歌德認為「莎士比亞是無限的」，「他的作品風格包含的精神方面的真實性，要遠遠超過人類能看得見的行動」。因此，他是「最美麗山峰上的明星」。

一七七一年十月四日，在法蘭克福召開的莎士比亞命名日紀念會上，歌德在演講中說道：

我初次讀到他的著作的第一頁後，我的一生便都屬於他了；當我讀完他的第一個劇本時，我好像是個生來盲目的人，由於神手一指而突然獲見天光。

到了十九世紀，浪漫主義壓倒了古典主義，莎士比亞作品的生動性和豐富性也被不斷揭示和獲得肯定；而現實主義則更看重他的作品劃時代的思想內涵。

法國偉大的浪漫主義作家雨果稱頌莎士比亞是「詩人、歷史學家和哲學家三位一體」，稱他的戲劇具有「美為真服務」的價值。

德國著名抒情詩人海涅認為莎士比亞是「英格蘭的一個精神上的太陽」。

普希金則稱讚莎士比亞表現了「人和人民，人的命運，人民的命運」。

杜勃羅留波夫則指出，莎士比亞的「文學活動將共同的認識推進了好幾個階段，在他之前沒有一個人能夠達到這個階段」，因而認為莎士比亞是當時「人類認識最高階段最充分的代表，……擁有全世界的意義」。

到了二十世紀，莎士比亞在國際文化領域中的地位和影響更加突出。此時，莎士比亞的戲劇演出、影視改編等，將他的榮光再一次推向一個高峰。一九五五年，在斯特拉福舉行的「莎士比亞戲劇節」上，

第二十章 不朽的莎士比亞

(一)

莎士比亞的戲劇整整上演了三十三週，觀眾多達三百七十餘萬人。

事實上，莎士比亞的戲劇早就被以多種多樣的藝術形式演繹著。從十八世紀起，各國的著名音樂大師，如貝多芬、李斯特、白遼士、孟德爾頌、舒伯特、柴可夫斯基等，都紛紛以莎士比亞的戲劇為題材創作出了大量的歌劇、舞劇、幻想曲等不同形式的音樂作品。

有人曾做過統計，在一九〇〇到一九八五年之間，根據莎士比亞的戲劇改編的無聲影片大約有八十五部，有聲影片大約有六十五部，電視作品有一百一十二部，參加製作播出的國家有十七個。僅僅《羅密歐與茱麗葉》就曾被十九次拍成電影；《哈姆雷特》也多達十七次被拍成電影。

(二)

那麼，現代人要怎樣理解莎士比亞作品的生動性和豐富性呢？

首先，莎士比亞戲劇的情節生動豐富。莎士比亞可以稱得上是「設置情節的大師」，他的戲劇中通常都有兩條或者多條線索平行發展或交錯進行。比如：《威尼斯商人》和《哈姆雷特》中就有三條線索；《李爾王》中有兩條線索。這樣一來，就令戲劇中的矛盾衝突變得複雜而豐富，劇情也顯得一波三折。

其次，莎士比亞戲劇的語言具有一定的生動豐富性。我們日常生活中使用的詞彙大約有三千到五千個，而據統計，莎士比亞戲劇中的詞彙量達十七萬之多；並且，每個詞的背後都存在著許多現實的東西，如概念、觀念、形象、行動、感觸等。

同時，莎士比亞對語言的駕馭能力也游刃有餘，其戲劇中的語言總是隨著人物的不同而千變萬化：上流社會的語言雍容典雅，市井俚語活潑有趣；既有深奧的哲理性獨白，又有尖刻的俏皮話。莎士比亞十分巧妙的將文學語言與民間俚語結合起來，獲得了巨大的藝術成功。

第三，莎士比亞的戲劇中創作了許多性格複雜、個性鮮明的人物形象，如哈姆雷特、奧賽羅、李爾王、羅密歐、茱麗葉、馬克白、伊阿古、泰門等，這些都是文學愛好者耳熟能詳的名字。

據統計，莎士比亞的戲劇中描寫了近七百個人物，其中在世界文學人物長廊中占有一席之地的形象多達一二十個。而且，莎劇中的人物還包含了社會各個階層、各個類型的人，無論是主角還是配角，也無論是正角還是反角，都各具特色，內心世界豐富多樣。

可以說，莎士比亞在塑造人物時做到了個性化與多重性的相結合，且許多人物的性格還處於發展變化之中。這些也恰恰是莎士比亞貼近平民生活，又始終立足生活、深刻觀察人性特點的結果。

古典小說和戲劇有一個很大的不足，就是人物的類型化，即千人一面，性格靜止而單一。到了十八世紀時，德國戲劇家、戲劇理論家萊辛在反對古典主義方面提出了一個要求，就是戲劇應該塑造「有人氣的英雄」。十九世紀浪漫主義文學家更是提倡外以想像展開、內以心理擴張，以使文學成為人們精神自由的天空和無限豐富的意義世界。而莎士比亞卻在古典主義之前便實現了此後的這一文學要求。

(三)

在世界詩人當中，莎士比亞也享有崇高的地位。在他的抒情詩中，不論是《維洛那二紳士》，還是《暴風雨》，要想欣賞十四行詩，我們盡可以從他的一百四十多首詩中任意挑選：

我怎麼能夠把你來比作夏天？
你不獨比它可愛，也比它溫婉；
狂風把五月寵愛的嫩蕊作踐，
夏天出賃的期限又未免太短。

或者：

當我看見參天的樹木枝葉盡脫；
不久前它還蔭蔽過喘息的牛羊；
夏天的青翠啊，一束一束的就縛，
帶著堅挺的白鬚被抬上了殯床；
於是，我不禁也為你的朱顏焦慮，
終有一天你會加入時光的廢墟。

還有一些高貴的詩行，也是早期抒情戲劇的素材，如：

這是雲雀，報曉的使者，不是夜鶯；
瞧，我的愛，不作美的晨曦
已經在東邊的雲朵上鑲起了金線；
夜晚的燭光已經燒盡，愉快的白晝
躡足踏上了迷霧的山巔。

在莎士比亞後期的傳奇劇作中，他又回到了一種類似的、然而更加細微的黃金一般的抒情調子中：

在燕子尚未歸來之前就已經大膽開放，
風姿招展的迎著三月和風的水仙花；
比朱諾的眼瞼，或者希賽利亞的氣息
更為甜美的暗色的紫羅蘭。

此外，莎士比亞還是個雙重的創造者，不僅創造了詩，還創造了人，且所有劇中詩中的人物全部都是由台詞構成的。而最奇妙的是這些台詞本身，那些人物口吐的詩句本身都是生氣勃勃的，因為這些人物本身就是詩。

比如，這首詩是茱麗葉：

來吧，柔和的黑夜；
來吧，可愛的黑夜，
把我的羅密歐給我；
等他死了以後，
你再把他帶去，
把他碎成多少粒小小的星星，
他會使天空這樣的美麗，
使得全世界都愛戀黑夜。

這首詩是哈姆雷特：

啊，好赫瑞修，真相大白之前
我身後的名聲要受多大傷害！
如果你心坎裡真有我，
且慢去尋求歡樂，

揭幕
——To be or not to be；that's 莎士比亞

在這個冷酷的世界上忍痛吐口氣
講述我的事情吧。

這首詩是克麗奧佩脫拉：

啊，瞧，我的姑娘們，
大地消失它的冠冕了。
我的主！
啊，戰士的花圈枯萎了，
軍人的大樹摧倒了；
剩下在這世上的，
現在只有一群無知的兒女；
傑出的英雄已經不在人間，
月光照射之下，
再也沒有值得注目的人物了。
……

(四)

莎士比亞很富有幽默感，他總是帶著極大的同情心看待人生和人的喜怒哀樂，以及各種遭遇。他時常透過自己所塑造的人物之口來批評社會現狀，但他卻不尖酸刻薄，而總是透過使人發笑的方法，讓人看到自己的缺點和錯誤。

莎士比亞是一位被人引用最多的作家，他有最多的警句可供人們引用。事實上，英國人在談話或寫作時都會不自覺的重複莎士比亞的名言。

曾有這樣一個小故事：一個英國的小孩被父母帶到劇院去看一齣莎士比亞的戲劇。開始時他看得很起勁，但散戲後他的父母問他這齣戲好不好看，他說不好。父母問他哪裡不好？他回答說：

「莎士比亞的話都是別人常說的，一點都不新鮮！」

由此可見莎士比亞在人們中的影響之普遍。

莎士比亞不愧為一位出類拔萃的戲劇家和詩人，一位眼光獨特敏銳的觀察家。他很善於抓住他那個時代中人們所具備的精神，創造出了幾十本在很長歷史時期內都光輝不減的作品。有人稱他為「造物主」，他的確無愧於這一稱號。

有人還評價稱，莎士比亞「客觀將世界設想為舞台，將他的舞台設想為世界，將他的微觀世界布滿了在規模上和深度上都無與倫比的洋洋灑灑的人物，將環球劇院的舞台和人生舞台大致等同起來了」。

不過，與所有偉大的作品一樣，莎士比亞的作品也是他那個時代的產物，因而也帶有一定的時代局限性。英國的文藝復興是在新興資產階級和封建貴族大致旗鼓相當時期達到最高發展的，因此這兩個階級也是相互對立的，都是剝削階級，資產階級不可能與封建統治階級在思想上徹底決裂。所以，英國的文藝復興也包含有不少封建主義的東西，同時又有許多與之相對立的觀點。

這種階級的雙重性在莎士比亞的作品中也有所反映，他沒有、也不可能完全擺脫時代加在他身上的局限。

比如在《馴悍記》中，莎士比亞所闡述的觀點就是：丈夫是妻子的「老爺，生命，養育人，你的頭，你的主宰，關懷你的人」，這就是道地的封建思想。

雖然莎士比亞常常談論的等級觀念都來自封建社會，不過他在維持當時的社會秩序、保障資本主義的順利發展方面也起到了有益的作用。

在東方，莎士比亞也是人們最熟知、最喜歡的外國古典作家之一。早在十九世紀的下半葉時，莎士比亞就已經被一些外國的傳教士介紹到東方來。

開始莎士比亞的名字有各種各樣不同的譯法，直到梁啟超用了「莎士比亞」這個譯法之後，「莎士比亞」才正式成為通用的譯名。

一九〇四年，林紓和魏易把英國十九世紀散文家蘭姆姐弟編寫的《莎士比亞戲劇故事集》翻譯出版，題名為《英國詩人吟邊燕語》。當時，這個譯本在中國產生了很大的影響，甚至廣為流傳。

直到一九一九年的「五四運動」以後，莎士比亞的戲劇才以白話文和劇本的形式被翻譯介紹過來。

一九二一年，田漢翻譯了《哈姆雷特》；一九二四年，他又翻譯了《羅密歐與茱麗葉》。此後，莎士比亞的戲劇譯本開始不斷問世。現在最通行的散文譯本，是由朱生豪先生在一九三五到一九四四年間完成的。他在身體病弱、條件十分艱苦的情況下，獨自翻譯了三十七部莎士比亞戲劇中的三十一部，是所有莎士比亞戲劇翻譯者中成就最高的一位。

在電影和電視出現以後，莎士比亞的戲劇更是不斷被改編成電影和電視，獲得了更加廣泛的傳播。據統計，《羅密歐與茱麗葉》曾被十九次改編成電影，《哈姆雷特》也被改編成電影達十七次之多。

由此，我們也可以看出偉大的劇作家、詩人莎士比亞及其作品在全世界範圍內所產生的重要影響。

揭幕
——To be or not to be；that's 莎士比亞

莎士比亞生平大事年表

一五六四年四月二十三日　威廉 · 莎士比亞出生於英國中部埃文河畔的斯特拉福德鎮。

一五六八年　父親任市長，開始學習文化知識。

一五七一年　進入斯特拉福文法學校讀書。

一五七九年　完成文法學的課程。

一五八二年　與年長八歲的安 · 哈瑟維結婚。

一五八三年　長女蘇珊娜出生。

一五八五年　得一男一女雙胞胎，分別取名為哈姆雷特和裘蒂絲。

一五八七年　離開家鄉前往倫敦，加入劇團，開始演員生涯，並開始嘗試寫劇本。

一五九〇年　上演戲劇《亨利六世上篇》、《泰特斯 · 安德洛尼克斯》。

一五九一年　上演戲劇《亨利六世中篇》和《亨利六世下篇》。

一五九二年　上演戲劇《查理三世》。

一五九三年　倫敦發生嚴重瘟疫，致使劇場封閉。上演戲劇《錯中錯》、《維洛那二紳士》，出版長篇敘事詩《維納斯與阿都尼》。

一五九四年　參加「政務大臣」劇團，開始在女王御前演出。上演戲劇《愛的徒勞》、《馴悍記》，出版長詩《魯克麗絲受辱記》、《泰特斯 · 安德洛尼克斯》。

一五九五年　作為劇團三個代表之一進宮領賞。上演戲劇《仲夏夜之夢》、《查理二世》、《羅密歐與茱麗葉》。

一五九六年　獨子哈姆雷特夭亡。回鄉替父親申請並獲得世襲鄉紳地位。上演戲劇《約翰王》、《威尼斯商人》。

一五九七年　回鄉買下當地第二幢最大的房產「新居」大宅。上演戲劇《亨利四世上篇》，出版《查理二世》、《查理三世》、《羅密歐與茱麗葉》。

一五九八年　上演戲劇《亨利四世下篇》、《無事生非》。出版《亨利四世上篇》、《愛的徒勞》。

一五九九年　與人合資修建倫敦當時最富麗堂皇的「環球」劇場，作為劇團的夏季戲場。上演戲劇《亨利五世》、《如願》、《凱撒大帝》。

一六〇〇年　上演戲劇《溫莎的風流娘兒們》、《第十二夜》。出版《亨利五世》、《無事生非》、《亨利四世下篇》、《仲夏夜之夢》、《威尼斯商人》。

一六〇一年　上演戲劇《哈姆雷特》，引起轟動。

一六〇二年　在家鄉購置地產，成為大地主。上演戲劇《特羅伊羅斯與克瑞西達》。出版《溫莎的風流娘兒們》。

一六〇三年　「政務大臣」劇團更名為「國王供奉」劇團。上演戲劇《奧賽羅》。

一六〇四年　上演戲劇《終成眷屬》、《一報還一報》。出版《哈姆雷特》。

一六〇五年　上演戲劇《李爾王》。

一六〇六年　上演戲劇《馬克白》。

一六〇七年　上演戲劇《安東尼與克麗奧佩脫拉》、《科利奧蘭納斯》、《雅典的泰門》。

一六〇八年 與人合資買下「黑僧」劇場，作為劇團冬季演出場。上演戲劇《泰爾親王佩利克爾斯》。出版《李爾王》。

一六〇九年 出版《十四行詩》、《泰爾親王佩利克爾斯》。

一六一〇年 上演戲劇《辛白林》。

一六一一年 上演戲劇《冬天的故事》、《暴風雨》。

一六一三年 在倫敦「黑僧」劇場附近買下一幢房產。在上演《亨利八世》時，「環球」劇場遭遇火災被毀。

一六一四年 離開劇場，離開倫敦，返回故鄉斯特拉福鎮。

一六一六年 四月二十三日，威廉 · 莎士比亞去世，終年五十二歲。他的遺體被安葬在斯特拉福德鎮聖三一教堂。

國家圖書館出版品預行編目（CIP）資料

揭幕：To be or not to be;that's 莎士比亞 / 潘于真，才永發著．-- 第一版．-- 臺北市：崧燁文化，2020.07

面；　公分

POD 版

ISBN 978-986-516-410-2(平裝)

1. 莎士比亞 (Shakespeare, William, 1564-1616) 2. 傳記

784.18　　109009826

書　名：揭幕——To be or not to be；that's 莎士比亞

作　者：潘于真，才永發 著

發 行 人：黃振庭

出 版 者：崧燁文化事業有限公司

發 行 者：崧燁文化事業有限公司

E-mail：sonbookservice@gmail.com

粉 絲 頁：　　網 址：

地　址：台北市中正區重慶南路一段六十一號八樓 815 室

8F.-815, No.61, Sec. 1, Chongqing S. Rd., Zhongzheng Dist., Taipei City 100, Taiwan (R.O.C.)

電　話：(02)2370-3310 傳　真：(02) 2388-1990

總 經 銷：紅螞蟻圖書有限公司

地　址: 台北市內湖區舊宗路二段 121 巷 19 號

電　話:02-2795-3656 傳真 :02-2795-4100　　網址：

印　刷：京峯彩色印刷有限公司（京峰數位）

定　價：299 元

發行日期：2020 年 07 月第一版

◎ 本書以 POD 印製發行